KB007769

온천 명인이 되었습니다

목욕 가방 들고 벳푸 온천 순례

안소정 지음

앨리스

시작하며

꿈 대신 행복을 발견했습니다

"꿈이 뭐예요?"

과거의 나는 이 질문에 '직업에서 성공하는 것'이라고 답했다. 그러나 꿈이라는 게 직업적 성취가 아님을, 열정도 언젠가는 소모되는 자원임을 깨닫기 시작한 20대 끝자락에서 꿈을 놓치고 오히려 안도했다. 꿈꾸지 않아도 되는 자유를 진작 알았다면 더 행복했을 거라고 생각했다.

그렇게 꿈 없음에 만족하던 어느 날, 우연히 '벳푸 온천 명인'을 알게 되었다. 이 이상한 단어를 해석하자면 다음과 같다. 먼저, '벳푸'. 일본 규슈 지방에 위치한 도시인 벳푸는 끓고 있는 온천탕에 비유될 만큼 수많은 온천이 솟아나는 도시다. 그리고 '온천 명인'. 각기 다른 88곳의 온천에 다녀와 도장을 모은 사람이다. 즉, '벳푸 온천 명인'은 벳푸의 88곳 온천을 다녀와 도장을 모은 사람인 것이다. 온천 명인이 되면 뭐가 있냐고? '온천 명인'이라는 단어가 금빛으로 수놓아진 검은 수건과 얼마간의 입욕

할인권 이외에는, 아무것도 없다. 그저 온천 명인은 온천 명인으로서 존재할 뿐이다.

온천에 다녀오기만 하면 명인이 된다니. 게다가, 온천 명인이 되어도 특별할 것이 없다니. 좋아하는 것에 몰두하는 기쁨 이외에는 아무것도 필요 없는 일. 이렇게 완벽한 일이 있을까? 나는 이미 온천 명인이 되고 싶어졌다. 온천 명인의 세계에 급속도로 매료되었다. 결심했다. 온천 명인이 되겠노라고. 그렇게 벳푸 온천 명인을 향한 도전이 시작되었다. 무엇과도 바꿀 수 없는 나만의 행복을 발견한 것이다.

한 번 행복을 맛보자 온천으로 향하는 발걸음을 멈출 수 없었다. 아침 먹고 땡, 점심 먹고 땡, 저녁 먹고 땡. 먼동이 터오면 비몽사몽 잠결에도 온천으로 달려갔다. 그것도 모자라, 5일간 42.195곳(온천 42곳+손만 담그는 온천 0.195곳)의 온천에 들어가는 온천 마라톤도 완주했다. 비를 맞는 온천도, 내리쬐는 햇볕 아래에서의 온천도 좋았다. 낡고 낡아 세월이 느껴지는 허름한 공동 온천도, 한껏 멋들어진 호텔 온천도 저마다 매력이 있었다. 알몸으로 만난 사람들은 온천을 사랑하는 마음 하나만으로 금세 친구가 되었다. 온천이 일상인 '프로 온천러'인 벳푸 사람들은 어설픈 온천 초보인 이방인에게 한없이 친절했다. 온천 자체로도 행복이었지만, 그 행복에 윤기를 더해준 것은 사람들이었다.

낯선 골목길 어디선가 은은한 비누냄새가 느껴지면 어김없이 나타나던 온천들. 과자 조각을 따라 숲길을 걸어가던 헨젤과 그레텔처럼 곳구멍을 한껏 열고 온천 내음을 따라 착실히 온천 수행을 실천했다. 그러니 당연하게도 벳푸 온천 명인이 되었다. 꿈은 아직도 찾지 못했지만, 상관없었다. 꿈 없이, 성취 없이도 행복에 이르는 길을 찾았으니까. 그래서 널리 알리고 싶었다. 세상에서 가장 작고 확실한 행복, 벳푸 온천으로 떠나는 길을. 언제나처럼 더운물을 채우고 기다리고 있을 낯선 동네의 온천을 상상하며 오늘도 행복에 잠긴다.

2019년 2월
제7843대 벳푸 온천 명인
안소정

입욕 전에

벳푸와 온천 명인

한 도시에 솟아나는 원천 개수가 2300여 개라면 믿을 수 있겠는가? 가히 도시 전체가 끓고 있다고 해도 과언이 아닌 온천 도시 벳푸. 일본 전역에서 최고의 온천 용출량을 자랑하며, 일본 기준으로 현존하는 열 가지 온천수 중 일곱을 만날 수 있는 온천 성지다.

벳푸 온천은 동네마다 전혀 다른 수질의 온천수가 솟아나는 것이 가장 큰 특징이다. 벳푸 전역을 크게 여덟 동네로 구분하는데, 이를 '벳푸팔탕別府八湯'이라고 부른다. 벳푸 중심 시가지인 벳푸 온천別府温泉, 남쪽의 하마와키 온천浜脇温泉, 지옥 온천으로 유명한 간나와 온천鉄輪温泉, 북쪽 고지대의 묘반 온천明礬温泉, 전망이 좋은 간카이지 온천観海寺温泉, 유황천이 유명한 호리타 온천堀田温泉, 산성천을 만날 수 있는 시바세키 온천柴石温泉, 북쪽 바닷가의 가메가와 온천亀川温泉으로 나뉜다. 이렇게 벳푸팔탕은 벳푸시 전역에 걸쳐 있어 사실상 도시 어디에서든 온천을 즐길 수 있다.

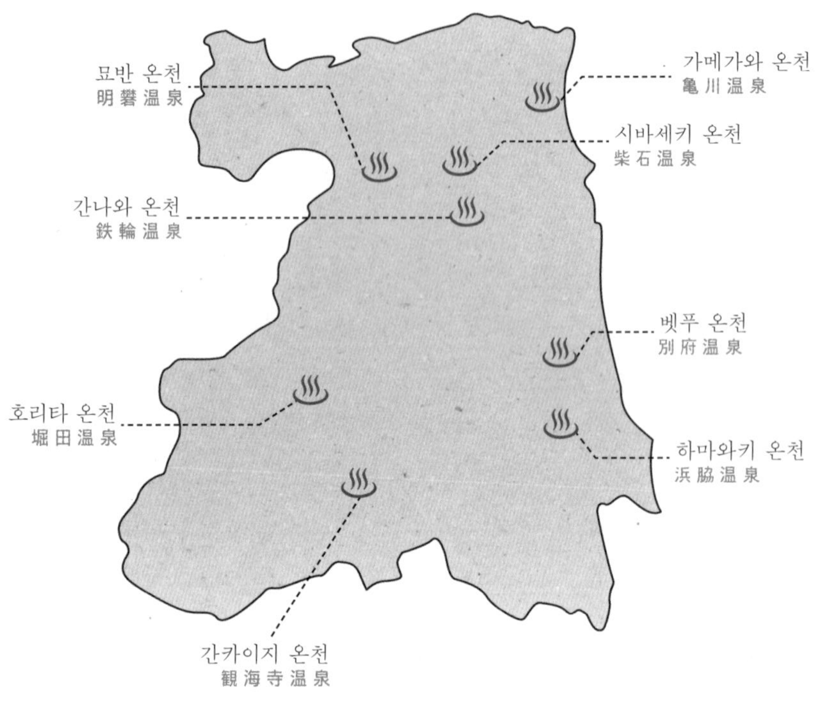

규슈 오이타현에 위치한 벳푸. 벳푸시(市)는 거리 곳곳마다 온천수가 나올 만큼 일본 최고의 용출량을 자랑하며, 온천의 원천 숫자와 종류에 있어서도 온천 성지라 할 수 있다. '벳푸팔탕'은 남쪽의 벳푸를 포함한 네 곳, 북쪽의 가메가와를 포함한 네 곳을 통틀어 일컫는다.

벳푸시에는 수백 곳의 공동 온천이 존재한다. 공동 온천은 지역 주민들이 사용하기 위해 만든 온천시설인데, 주민들의 일상적인 공간이므로 관광객들을 위한 편의시설은 없다. 공동 온천의 범주에는 시에서 운영하는 온천인 시영市營 온천도 포함된다. 온천이 흔하다보니 공동 온천은 100엔에도 입욕할 수 있다. 비록 시설은 낡았지만, 수질만큼은 그 어디에도 뒤지지 않는다. 주민들의 생활 터전인 공동 온천에 간다는 게 낯설 수도 있겠지만, 관광지를 돌아다니는 여행과는 차원이 다른 특별한 경험을 할 수 있다. 언어의 장벽도 가뿐히 뛰어넘고 마음과 마음이 통하는 시간을 보내면 도무지 헤어나올 수 없는 벳푸 온천의 세계에 푹 빠지게 될 것이다.

만일 공동 온천이 부담스러운 온천 초보라면 료칸이나 호텔의 당일치기 온천도 괜찮다. 시설 좋고 멋진 전망을 자랑하는 호텔 온천조차 500엔 정도면 즐길 수 있으니까 말이다. 값비싼 료칸에 묵지 않아도 양질의 온천을 손쉽게 즐길 수 있다는 점에서 벳푸는 온천 여행자들에게 꼭 추천하고 싶은 곳이다.

또한, 벳푸 온천을 제대로 경험하고 싶다면 벳푸 온천 명인에 도전해보자. '벳푸 온천 명인'은 벳푸시 관광과에서 온천 관광을 장려하기 위해 2001년에 처음 도입한 제도로, 온천 명인도(http://onsendo.beppu-navi.jp)에 등록된 150여 곳 온천 중 각기 다른 88곳 온천에 입욕하고 도장을 받으면 벳푸 온천 명인의 칭호를 얻을 수 있다. 도전 과정에서 자연스럽게 벳푸 구석구석의 온천을 순례하게 되므로, 온천 마니아들에게 인기가 많다. 2018년 8월 현재, 지금까지 총 8804명이 온천 명인 칭호를 얻었다.

벳푸 온천 명인은 8개 단위로 단을 나누는데, 8개 도장을 모으면 1단, 16개 도장을 모으면 2단, 24개 도장을 모으면 3단이 되는 식이다. 88개를 한번에 다 모으지 않아도 8개 단위로 도장을 모았다면 벳푸 시청 1층에 있는 관광과에서 수수료를 내고 벳푸 온천 명인에 입단할 수 있다. 입단 이후에도 계속 도장을 모아 11단에 이르면 최종적으로 온천 명인 자격이 주어진다.

입단하면 상장과 함께 부상으로 수건이 제공된다. 1·2단은 흰색, 3·4단은 녹색, 5·6단은 빨간색, 7~10단은 파란색, 마지막 11단인 온천 명인은 검은색 수건을 받는다. 7단부터는 온천 무료 또는 할인 쿠폰도 제공

된다. 검은색 수건에는 '벳푸팔탕 온천도 명인別府八湯 温泉道 名人'이라는 글자가 금색으로 수놓여 있는데, 온천 명인에 도전하는 이들에게 이는 동경의 대상이다. 더불어 벳푸 온천 명인이 되면 벳푸에서 가장 유서 깊은 온천 중 하나인 '효탄 온천' 로비에 마련된 명예의 전당에 이름과 얼굴을 올릴 수도 있다.

벳푸 온천 명인이 되기 위한 준비물은 두 개면 충분하다. 수건을 비롯한 세면도구, 그리고 스파포트! 여권처럼 생긴 '벳푸 스파포트Beppu Spa Port'에 도장을 받아야 하는데 이 스파포트는 벳푸시 관광안내소, 서점, 편의점 또는 지정된 판매처에서 100엔에 구입할 수 있다.

자, 이제 여러분도 벳푸팔탕을 여행하며 벳푸 온천 명인이 되어보지 않겠습니까?

일러두기

1. 이 책에 소개된 온천 및 기타 장소는 다음의 URL과 QR코드를 통해 위치와 정보를 확인할 수 있습니다. http://goo.gl/wMHH86
2. 온천 정보는 2019년 7월을 기준으로 작성되었습니다.

男湯
貸切浴
他のお
事がご
ご了承

女湯
おりません
一緒になる
す
い

차례

세번째 동네. 골목마다 온천, 온천 천국

첫번째 동네

뭉게뭉게 피어나는 지옥 연기를 따라
간나와 鉄輪

'온천에 몸을 담그고, 산책하고, 건강하고 맛있는 음식을 먹자.' 온천으로 병을 치유한다는 '탕치(湯治)' 문화의 본거지로 불리는 간나와. 오늘날에는 '지옥 온천'과 증기를 내뿜는 고즈넉한 풍경 속 마을로 널리 알려져 있기도 하다. 뭉게뭉게 피어나는 지옥 연기를 따라, 천국 같은 지옥 마을 간나와로 떠나보자.

지옥에서는 지옥의 법도를

—

지고쿠바루 온천

주소 오이타현 벳푸시 간나와히가시 후로모토166
(大分県 別府市 鉄輪東 風呂本166)
영업시간 6:30~21:00, 연중무휴
찾아가기 지고쿠바루(地獄原) 버스정류장 하차 후 도보 1분
입욕요금 100엔(요금함 투입) | **시설정보** 대야, 의자 있음
수질 염화물천 | **영업형태** 공동 온천(무인)

벳푸에서 가장 하고 싶었던 건 아침 온천이었다. 이른 새벽녘 공동 온천의 활기를 느껴보고 싶기도 했고, 온천에서 아침을 맞이하면 하루를 상쾌하게 시작할 수 있을 것 같았기 때문이다. 벳푸에서 맞는 첫번째 아침, 간나와 마을 중심에 있는 지고쿠바루 온천地獄原温泉으로 향했다. 왼손에는 목욕 가방, 오른손에는 달랑 100엔만 쥐고 낯선 골목으로 나선 길. 이제 막 동이 터오는 하늘에 온천 증기가 뭉게뭉게 피어오르는 풍경이 평화롭기 그지없었다.

기대를 안고 온천에 도착한 시각은 아침 일곱시. 온천 입구에 놓인 불단 아래, 무인함에 입욕 요금인 100엔을 넣었다. 조심스럽게 문을 열고 온천에 들어섰더니, 사진으로만 보던 정겨운 풍경이 펼쳐졌다. 탈의실과 탕 사이는 문 하나 없이 뻥 뚫려 있고, 안에는 네 명 정도 들어가면 꽉 찰 자그마한 탕이 전부. 전형적인 벳푸 공동 온천다운 소박함이 느껴졌다.

탕 안에서는 아주머니 두 분이 알 수 없는 대화를 나누며 목욕 중이었다. 인기척에 고개를 돌린 아주머니들과 눈이 마주친 순간, 긴장한 채로 어설픈 아침 인사를 건넸다. "오하요 고자이마스." 어설픈 발음 때문일까. 호기심의 눈빛과 함께 "오하요 고자이마스"가 부메랑처럼 날아들어왔다. 옷을 벗어 가지런히 갠 뒤, 조심스럽게 안으로 들어섰다.

'배운 대로만 하자'라고 생각하며 글로 배운 온천 목욕법을 착실히 실행했다. 먼저, 탕 근처에 적당한 자리를 찾아 무릎을 꿇고 앉는다. 둘, 바가지를 찾아 손에 쥐고 물을 퍼올린다. 셋, 몸에 끼얹는다. '으악!' 소리가

절로 나올 만큼 뜨거웠지만, 긴장한 탓에 비명은 자동으로 묵음 처리가 되었다. 넷, 목욕 가방을 열어 샤워볼에 비누를 묻혀 몸 구석구석을 깨끗하게 씻는다. 다섯, 몸을 헹군다. 그리고 쓴 바가지와 가방은 한쪽 구석에 잘 놓아둔다. 마지막으로, 탕에 들어간다. 뿌듯한 마음으로 탕을 향해 한쪽 발을 딛는 그 순간, 한 아주머니가 나를 향해 무어라 외치는 게 아닌가.

한 발은 탕 가장자리 위에, 다른 한 발은 바깥에 놓은 채로 '동작 그만' 상태가 된 나는 영문을 알 수 없는 외침에 어리둥절해졌다. 머릿속이 복잡해지며 조금 전까지 했던 일들을 되짚어보았다. '뭐가 잘못된 거지? 분명히 들어가기 전 꼼꼼하게 샤워도 했고, 조심히 발도 디뎠는데……'

어떻게든 이해하려 귀를 쫑긋거렸지만 구몬 일본어나 겨우 하는 수준인 내가 알아들을 수 있는 말이 아니었다. 쉴 새 없이 일본어가 쏟아지자 땀을 삘삘 흘리며 겨우 입을 열어 고백한 말은 "와타시와 간코쿠진데스

(저는 한국인입니다).”

난데없는 국적 고백에 아주머니가 안 되겠다는 듯 노선을 바꿨다. 천천히, 크게 말하는 동시에 몸짓을 동원해 다시 설명하기 시작했다. 탕 둘레를 손가락으로 가리킨 다음, 다리를 손가락으로 가리키더니 한쪽 다리를 들어 탕 둘레에 얹었다. 그리곤 양팔로 크게 X자를 그리면서 고개를 좌우로 도리도리 흔들었다. 그러자 도가 트이고 깨달음이 찾아왔다. '아, 탕 둘레에 발을 디뎌선 안 되는구나!' 그제야 조금 전, 내 한쪽 발이 어디에 있었는지 기억이 났다.

세상에 많고 많은 법도가 있듯, 온천에도 법도가 있을 터. 게다가 여기는 온천 성지 벳푸가 아니던가. 벳푸 온천에는 보편적인 매너를 넘어선 법도가 있는데, 그중 하나가 바로 '탕 둘레에 발을 딛지도 앉지도 말 것'이다. 옆에 있던 다른 아주머니가 거들어서 설명하기를, 다른 지역에서는 특별히 금하지 않지만 벳푸 온천에서만큼은 꼭 지켜야 하는 규칙이라고 했다. 이후에 수많은 벳푸 온천을 다녔지만, 어떤 온천에서도 탕 둘레에 발을 딛거나 앉는 사람을 볼 수 없었다. 나중에야 그 이유를 들을 수 있었는데, 벳푸에서 탕 둘레는 '머리를 두는 곳'이라 발이나 기타 신체 부위를 두는 것을 비위생적으로 여긴다고 한다.

내가 말뜻을 알아들으니 뿌듯했던 걸까? 아주머니는 요청하지도 않았는데 더 많은 규칙을 전수해주기 시작했다. 탕 안에서 적당한 자리를 잡는 법, 물을 튀기지 않게 바가지를 쓰는 법, 찬물을 사용하는 법, 자리

정리하는 법, 인사하는 법 등. 모두 온천 명인이 되기 위한 필수 과정이었다. 모든 말을 완벽히 알아들을 수는 없었지만 눈빛과 몸짓만으로도 충분히 이해할 수 있었다.

얼떨결이지만 무림의 고수에게 온천 법도를 전수받는 절호의 기회! 어쩐지 이 관문을 통과하지 못하면 안 될 것 같은 예감에, 하나부터 열까지 충실히 수행하려 노력했다. 조용히 탕에 몸을 담그고, 발끝부터 신경 쓰며 물을 튀기지 않도록 조심스럽게 일어선 뒤, 자리로 돌아가 몸을 헹구고 자리를 정리했다. 그렇게 돌아서는데 어깨 뒤에서 아주머니의 외침이 다시 한번 들렸다.

"스바라시(훌륭해)!"

의기양양해진 나는 만면에 미소를 지으며 인사를 건넸다.

"아리가토 고자이마시타(감사했습니다)."

꿈결처럼 뭉게뭉게 피어나는 온천 수증기와 코끝을 건드리는 유황냄새가 가득한 지옥 온천 마을 간나와에서 나는 제대로 지옥의 법도를 배웠다. 뜻하지 않은 특훈을 통과했기에 지고쿠바루 온천에서의 아침은 그 어느 때보다도 상쾌하고 뿌듯했다.

Tip

벳푸 현지인처럼 목욕하기

관광객이 좀처럼 발걸음 할 일 없는 현지인의 공간, 공동 온천에서 즐겁게 목욕하기 위해서는 반드시 알아두어야 할 규칙이 있다. 알아두면 피가 되고 살이 되는 팁을 소개한다.

하나. 탕 둘레에 발을 딛거나, 걸터앉지 마세요.

벳푸에서 특히 주의해야 할 규칙이다. 탕 둘레에 발을 딛거나 걸터앉는 것은 절대 금물. 탕 둘레는 머리를 두는 장소이기 때문에 다른 신체 부위가 닿으면 불결하게 여긴다고 한다. 공감이 잘 안 된다면 그냥 외우자. 어릴 때 문지방을 밟으면 혼났던 기억을 떠올리면 이해가 될 것이다. 깐깐한 현지인의 잔소리와 따가운 눈총을 피하기 위한 팁이니 명심 또 명심.

둘. 바가지와 맨바닥에 익숙해지세요.

공동 온천에는 샤워기가 없다. 탕 안의 물을 퍼올려 머리부터 발끝까지 씻어야 한다. 한국 목욕탕에 익숙해져 있다면 당황스럽겠지만, 벳푸에서는 탕에서 흐르는 온천수만으로 씻는 게 일반적이다. 주변에 거품과 물을 튀기지 않는 스킬, 적당량의 물을 퍼 담을 수 있는 튼튼한 손목이 필요! 또한, 대부분이 맨바닥에서 씻기에 더러 의자가 비치되지 않은 온천도 있다. 위생을 위해 목욕용 방석이나 작은 의자를 준비하면 좋다.

셋. 수도꼭지 자리를 사수하되,
찬물을 틀 때는 반드시 양해를 구하세요.

탕 온도를 적정하게 맞추기 위해 대부분 탕에는 수도꼭지가 달려 있다. 그리고 그 자리가 바로 명당이다. 차가운 물이 나오는 수도꼭지 자리를 사수하면 뜨거운 물과 찬물을 적절히 배합해 최적의 온도로 씻을 수 있기 때문이다. 단, 누군가 있다면 꼭 양해를 구하고 찬물을 틀자. 함부로 틀었다가는 분란을 일으킬 수도 있다.

넷. 탕에 들어가기 전 깨끗하게 씻으세요.

너무나 당연하지만, 가장 중요한 규칙은 '입욕 전 전신을 깨끗이 씻기'이다. 직전에 온천을 다녀왔다고 해도 말없이 씻지 않고 들어가는 건 매너가 아니다. 최소한 물로라도 깨끗하게 씻자. 참고로 내게 가르침을 준 현지인은 특히 하반신을 깨끗하게 씻을 것을 강조했다.

다섯. 모든 것은 제자리에 돌려놓으세요.

공용 바가지와 의자를 썼다면 원래 있던 자리에 가져다놓는 것이 기본 매너다. 한국에서는 썼던 바가지나 의자를 그대로 두고 나가도 크게 개의치 않지만, 이곳에서는 예의가 아니다. 다녀갔다는 흔적을 남기지 않는 것이 포인트. 또한, 온천에 다녀오는 중간에 자리를 맡아두는 것도 금지다. 개인 짐은 다른 곳에 치우고, 누구든 와서 씻을 수 있도록 자리를 비워두자.

여섯. 수건은 머리 위에 얹거나 바구니에 보관해요.

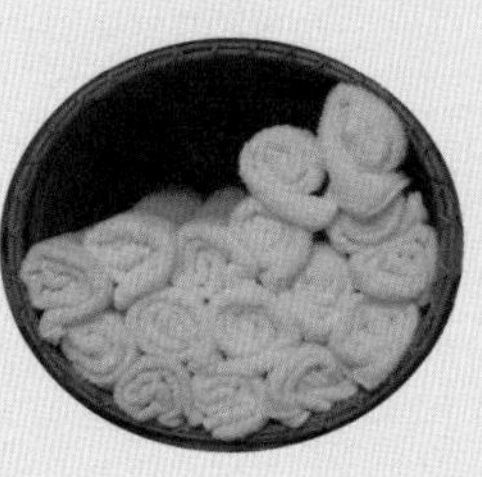

탕 속에 수건을 담그지 않도록 주의하자. 일본 온천에서는 머리 위에 수건을 얹은 사람들을 흔히 볼 수 있는데, 수건을 소지하기 위한 실용적인 보관법이기도 하다. 가벼운 물기 제거용 수건 한 장 정도는 꼭 챙겨서 들어가되, 탕 안에서 잘 소지하자. 머리 위에 얹는 게 어색하다면 개인 목욕 바구니 안에 보관하는 것도 좋다.

일곱. 허가 없는 사진 촬영은 절대 금물입니다.

당연히 온천에서의 사진 촬영은 금지다. 그럼에도 기록하고 싶다면 방법이 있다. 아무도 없을 때를 기다려 촬영하는 것이다. 만일, 탕 안에는 아무도 없고 이제 막 목욕을 왔거나 마치고 나가려는 사람이 있다면 어떻게 해야 할까? 반드시 무조건 양해를 구해야 한다. 누군가 아무 말도 않고 촬영한다면 불쾌하고 의심이 들지 않겠는가? 정중히 허락을 구하자. 만일 거절한다면 절대로 두 번 다시 묻지 마라. 당당하게 요구할 사항은 아니니까.

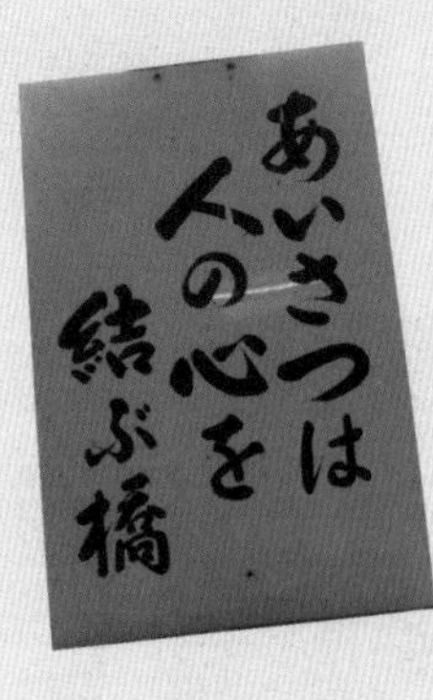

여덟. 인사하면 목욕이 즐거워요.

온천에서 마주치는 사람과는 정답게 인사를 나누자. 아침에는 '오하요 고자이마스', 점심에는 '곤니치와', 저녁에는 '곤방와'로 인사하면 된다. 누군가 조용하게 입욕하고 있는 탕에 들어갈 때는 '오자마시마스(실례합니다)'라고 얘기해주면 더 좋다. 목욕을 다 마치고 나갈 때는 '아리가토 고자이마시타(감사했습니다)'라고 인사해보자. 어설픈 일본어 한마디가 뜻밖의 인연이나 선물이 되어 돌아오기도 했다.

파라다이스—헬,
가마도지고쿠

주소 오이타현 벳푸시 미유키 오자간나와621
(大分県 別府市 御幸 大字鉄輪621)
영업시간 8:00~17:00, 연중무휴
찾아가기 간나와 버스정류장 하차 후 도보 5분
입욕요금 가마도지고쿠 입장료 400엔(별도 온천 요금 없음)
시설정보 샤워기, 대야, 의자 있음
수질 염화물천 | **영업형태** 관광시설

'파라다이스—헬Paradise-Hell'은 벳푸를 부르는 여러 수식어 중 하나다. 의역하자면, '천국 같은 지옥의 도시' 정도가 되지 않을까? 땅 밑에 절절 끓는 온천수가 흐르니 지옥인가 싶다가도, 그 온천수를 활용해 '온천 천국'을 만들었으니 과연 어울리는 이름이다.

'천국 같은 지옥의 도시'라는 이름에 걸맞게 벳푸에서 가장 인기 있는 관광 코스는 단연 '벳푸 지옥 순례'다. 부글부글 끓어오르는 원천을 가까이서 구경할 수 있기에 사시사철 사람들로 붐빈다. 저마다 개성 넘치는 벳푸 지옥은 총 일곱 곳. 특히 푸른 물빛과 식물이 아름답게 어우러진 '바다 지옥'과 잿빛으로 끓어오르는 진흙덩어리가 인상적인 '스님 지옥'이 유명하다.

그중 한국 관광객에게 가장 인기 있는 곳은 다양한 물빛을 한자리에서 구경할 수 있고, 독특한 퍼포먼스를 선보이는 아저씨가 있는 가마도 지고쿠, 일명 '가마솥 지옥'이다. "언니" "오빠"는 기본이요, 능숙한 한국어로 좌중을 압도하며 묘기를 펼치는 아저씨는 어떤 경지에 이른 사람 같

았다. 단체 관광객 사이에 섞여 홀린 듯 아저씨를 따라, 1~6초메로 나뉜 가마솥 지옥을 한바퀴 둘러보고 나니 어느새 입구 앞으로 다시 돌아왔다. 보통 관광객처럼 벳푸 지옥 순례가 목적이라면 이즈음에서 돌아가야겠지만, 내 여행은 이제부터가 시작이었다. '천국을 경험하러 왔거든요.'

숨겨진 천국을 찾아 다시 정문 매표소를 찾아갔다. 그리고 직원에게 조용히 속삭였다. "온천 이용할 수 있나요?" 직원은 은근한 미소와 함께 열쇠 하나를 건네주었다. 럭키! 열쇠를 받았다는 건, 입욕 중인 사람이 아무도 없다는 거였다. 그런데 온천이 어디에 있다는 건지 좀처럼 감이 오질 않았다. 한참을 두리번거리다 결국 "온천은 어디인가요?"라고 물었다. 예상과 달리 직원은 엉뚱하게도 공중화장실 쪽을 가리켰다. 반신반의하는 마음으로 손가락이 가리키는 곳으로 걸어가니 골목 끝에 건물 하나가 있었다.

멀찍이서 보기에는 창고처럼 보였다. 가까이 다가가 문에 적힌 글씨를 읽으니 '이야시노유いやしの湯, 치유의 탕'라고 적혀 있었다. 그 글자를 보고서야 여기가 온천임을 확신했다. 그럼에도 문을 열기가 조심스러웠다. 모두 화장실을 들고나기 바쁜 가운데 홀로 우두커니 문 앞에 서 있으려니, 마치 소설 「해리포터」 속 킹스크로스 9와 4분의 3 승강장 앞에 서 있는 기분이었다.

미지의 세계를 탐험하는 마음으로, 조심스레 문을 열고 들어갔다. 덜 마른 수건이 내뿜는 쿰쿰한 냄새가 훅 끼쳐와 얼굴을 찡그렸지만, 뒤이

럭키! 열쇠를 받았다는 건 입욕 중인 사람이 아무도 없다는 사실. 미지의 세계를 탐험하는 마음으로, 온천장으로 향한다. 이윽고 탕 속에 몸을 담그는 순간, 포근한 온천냄새와 몸에 매끄럽게 감기는 물에 긴장했던 몸과 마음이 사르르 풀린다.

어 욕실 문을 열자 펼쳐지는 풍경에 입을 딱 벌리고 얼어버렸다. 가마솥 지옥 3초메에서 본, 푸른빛 온천수가 커다란 탕 안 가득 넘실거렸다. 물감이나 인공 색소로 착각할 만큼 선명한 하늘빛 물이었다. 창으로 새어 들어오는 한 줄기 햇살을 받아 반짝이는 온천이 아름답기 그지없었다. 바라보는 것만으로도 황홀해져 탈의할 생각도 못하고 한참을 바라보았다.

온천에 압도당해 그 어느 때보다도 조심스럽게 온몸을 탕 속에 담갔다. 아, 녹는다. 그야말로 천국이 따로 없다. 포근한 온천냄새와 몸에 매끄럽게 감기는 물에, 긴장했던 몸과 마음이 사르르 풀렸다. 소란스러운 발걸음과 말소리가 창틈을 비집고 들어왔지만 그래서 더 행복했다. 북적거리는 인파를 뚫고 아무도 모르는 비밀의 온천에서 홀로 몸을 담그는 행복은 그 어느 천국에도 비할 바가 아니었으니. 복잡한 세상사 시름을 잊고 신선놀음을 하는 기분이 이런 게 아닐까. 과연 '치유의 탕'이라는 이름에 꼭 맞는 작고 아름다운 온천이었다.

문득 '이 좋은 온천을 왜 이렇게 비밀스럽게 운영하는 걸까'라는 의문이 들었다. 추측하건대 온천도 천연자원이기에 아껴 쓰지 않으면 언젠가 바닥을 보일 테니, 가마솥 지옥을 방문하는 수많은 관광객에게 넉넉히 내주지 못하는 게 아닐까.

그럼에도 누군가 온천에 몸을 담그고 싶다고 말하면 언제든지 열쇠를 내어주는 그 마음에서 이곳 사람들의 온천을 향한 사랑을 느낄 수 있었다. 좋은 것을 가꾸고 나누는 일은 보통 마음으로 되는 게 아니니까 말이다. 그 넉넉한 마음이 푸른 물빛만큼이나 아름답게 느껴졌다. 지옥 속 천국을 만나고 돌아가는 길, 열쇠를 돌려주며 진심으로 인사를 건넸다.

"감사했습니다."

1분 30초의 사투, 간나와 무시유

주소 오이타현 벳푸시 간나와카미1구미
(大分県 別府市 鉄輪上1組)
영업시간 6:30~20:00(접수 마감 19:30) | **정기휴일** 매달 넷째주 목요일
찾아가기 간나와 버스정류장 하차 후 도보 3분
입욕요금 입욕료 510엔, 유카타 대여료 210엔(개인 유카타 지참 가능)
시설정보 샤워기, 대야, 의자, 코인로커 있음
수질 염화물천 | **영업형태** 시영 온천

이제 와서 이런 말을 하기는 좀 그렇지만, 나는 목욕탕을 싫어했다. 창문 하나 없이 더운 공기 가득한 목욕탕에서는 이내 가슴이 답답하고 어지러웠기 때문이다. 온천을 좋아하게 되면서 조금씩 버티는 시간이 늘어나긴 했지만, 아직까지도 찜질방이나 사우나는 힘들다. 그런 내가 큰맘 먹고 새로운 목욕 장르에 도전하기로 했다.

온천욕이라고 하면 물에 몸을 담그는 것 정도로 생각하지만, '온천 백화점' 벳푸는 좀 다르다. 온천 증기가 쉴 새 없이 뿜어져나오는 천혜의 환경을 이용해 사람도 찐만두처럼 쪄버린다. 말 그대로 찌는 목욕, 무시유むし湯에 도전했다.

간나와 무시유鉄輪むし湯는 무려 1276년에 처음 문을 연 곳이다. 우리로 치면 고려시대쯤 문을 연 온천이 오늘날까지 성업하고 있는 만큼 오랜 역사를 자랑한다. 간나와를 유명한 온천 마을로 만든 승려 잇펜쇼닌一遍上人이 무시유를 개발하면서부터 역사가 시작되었다고 하는데, 이런 역사적 배경 때문에 간나와에서는 꼭 무시유를 체험하리라 마음먹었다. 땀을 쭉 빼고 개운했다는 후기를 읽고 나니 어쩐지 설레기까지 했다.

비장한 마음으로 아침 일찍부터 온천으로 향했다. 긴 역사를 자랑하는 곳이지만 시설은 비교적 신식이었다. 안내를 받아 자동발권기에서 티켓을 뽑았다. 입욕료는 510엔, 유카타 대여는 210엔으로 총 720엔이 들었다. 무시유는 '석창포'라고 하는 약초 더미에 누워야 하므로 유카타가 필수다.

탈의실에서 유카타로 갈아입고 무시유 입구에서 안내를 받았다. 문이 열리면 약초 더미 위에 목침을 베고 그저 누워 있기만 하면 된다고 했다. 8분에서 10분 정도 지나면 직접 들어와 깨워준다고 하면서……. 설명을 다 듣고 기다리는 동안 직원에게 부탁해 기념사진도 남겼다. 오늘 입욕이 역사적인 순간이 될 것 같은 기분 좋은 예감이 들었다.

드디어 무시유에 입장할 시간. 내 키의 반절 정도 되는 작은 문이 열렸다. 몸을 구겨 안으로 한 발 디뎠다. 강렬한 약초 향기와 뜨거운 공기가 훅 끼쳐왔다. 게다가 빛 한 줄도 들지 않아 누울 자리를 겨우 확인할 수 있을 정도였다. 자리를 잡고 눕자, 직원은 시간이 되면 오겠다는 말을 남기고 문을 닫았다.

마침내 홀로 남겨졌다. 눈알을 굴려 주변을 둘러봐도 사방에 눈 둘 곳 하나 없었다. 잠들면 차라리 나을까 싶어 두 눈을 꼭 감았다. 그런데 웬걸, 열기가 더욱 생생하게 느껴졌다. 찜통에서 쪄지는 인간 당고가 된 것

간나와 무시유는 승려 잇펜쇼닌이 무시유를 개발하면서부터 역사가 시작되었다. 우리의 고려시대 때부터 문을 연 셈이니 참으로 오랜 역사를 자랑한다. 무시유는 말 그대로 '찌는 목욕'으로, 약초 더미 위에 목침을 베고 그저 누워 있기만 하면 된다. 하지만 '그저 눕는 일'이 결코 쉽지만은 않다.

같았다. 땀이 송골송골 맺히고 숨이 가빠져왔다. 가슴에 손을 얹으며 마인드 컨트롤을 하려 애썼다. 괜찮아, 곧 나아지겠지. 죽지는 않을 거야.

그런 생각을 하는 와중에 또다른 복병이 나타났다. 분명 제법 도톰한 유카타를 입고 있었는데 팔다리가 익을 것 같았다. 뜨끈뜨끈하다 못해 뜨거워서 데굴데굴 구르고 싶을 정도였다. 어릴 적 시골집 아랫목에 몸을 지지던 것과는 차원이 달랐다. 사방이 어둡고 뜨겁기만 했다. 피부도, 숨 쉬는 것도 더이상 참을 수 없을 지경이 되자, '항복! 항복!'을 외치며 허겁지겁 빠져나왔다.

문을 열고 바깥으로 나와, '아, 이것이 이승의 공기인가요?' 하며 다급하게 숨을 들이마시자 직원이 당황한 기색으로 달려와 무슨 일이냐고 물었다. 뜨거워서 있을 수가 없었다고 말하고는 시간이 얼마나 지났느냐고 물었다. 그러자 직원이 말없이 타이머를 꺼내서 보여주었다. 시간을 확인한 내 얼굴은 무시유에 들어간 것처럼 다시 빨갛게 달아올랐다. 타이머의 숫자는 1분 30초를 가리키고 있었다.

좀전의 패기는 온데간데없이 패잔병의 심정이 되었다. 1분 30초라니, 그 숫자를 보여주는 직원도 멋쩍은 표정을 지었다. 아무래도 무리였던 걸까. 비록 찜질은 실패했지만, 마지막까지 최선을 다해 정석 코스를 밟아보기로 했다. 무시유의 마지막 코스인 반신욕이 남았으니까. 찜질 후 반신욕을 하면 상체로 몰렸던 열기가 전신으로 고루 퍼지는데, 혈액순환은 물론이고 각종 통증에 효과가 있다고 한다.

무시유의 대단했던 열기 때문에 탕에 들어가는 게 몸에 부담 되지 않을까 걱정이 되기도 했는데, 따끈한 탕에 몸을 반쯤 담그니 신기하게도 열기가 서서히 발끝으로 퍼지는 걸 느낄 수 있었다. 적당히 포근하고 따뜻한 느낌에 졸음이 솔솔 몰려올 정도였다.

찜질할 때도 이렇게 평화로웠으면 참 좋았을 것을……. 못내 아쉬운 마음이 들었지만, 이 또한 온천 명인이 되기 위한 통과의례라고 생각하기로 했다. 할 수 없는 일은 과감하게 포기하고, 할 수 있는 일을 즐기는 것. 그러면서 내게 알맞은 입욕법을 알아가는 것. 온천 명인이 된다는 건, 그런 일들을 알아가는 게 아닐까? 1분 30초의 시간은 실패의 시간이 아니라, 내게 가장 알맞은 시간이었다고 생각하자 마음도 홀가분해졌다. 이렇게 온천 명인에 한 걸음 더 다가간다.

두 번의 만남, 쇼닌유

주소 오이타현 벳푸시 간나와 후로모토5
(大分県 別府市 鉄輪 風呂本5)
영업시간 10:00~18:00, 연중무휴
찾아가기 간나와 버스정류장 하차 후 도보 1분
입욕요금 100엔(맞은편 마사 식당에서 지불 후 목찰 대여)
시설정보 대야 있음
수질 염화물천 | **영업형태** 공동 온천

고백하건대, 온천을 순례하는 일은 아름답기만 하지 않았다. 긴장을 주렁주렁 매달고 낯선 공간을 마주하는 일은 때론 힘겨웠다. 남들과 다른 여행을 하고 있다는, 허영 섞인 마음을 경계하기도 했다. 생활의 공간을 이방인의 눈으로 샅샅이 훑어보는 일 자체가 무례할 수도 있었으니. 그래서 조심하고 또 조심했다. 그런데도 어설픈 여행자는 실수를 저지르고 마는 법이다. 이제 좀 온천 순례에 익숙해졌다 싶을 때 벌어진 일이다.

저녁으로 햄버그스테이크 정식을 먹고 흡족한 기분으로 거리를 걷던 중이었다. 어디선가 비누냄새가 났다. 웅웅 울리는 소리도 들렸다. 휴대폰 화면에 고정했던 시선을 들자 눈앞에 온천이 나타났다. 빨간 턱받침을 곱게 두른 지장보살과 불단을 중심으로 왼쪽은 여탕, 오른쪽은 남탕이라는 표식까지. 마침 손에 목욕 가방도 들려 있겠다 생선을 본 고양이처럼, 꼴깍 침이 넘어갈 만큼 그 안이 궁금해져 충동적으로 문을 열었다.

문을 열자 분주한 풍경이 눈앞에 펼쳐졌다. 옷가지가 가득 찬 탈의실 선반과 탕을 가득 둘러싼 사람들. 저녁 인사인 "곤방와"를 건네자 메아리처럼 "곤방와"가 돌아왔다. 들뜬 마음에 순식간에 옷을 벗고 탕으로 들어섰다. 마음씨 좋은 사람들은 금세 내가 앉을 자리를 만들어주었다. 웃으며 감사 인사를 건넸다.

거기까지는 좋았다. 그런데 뭔가 이상했다. 사람들이 번갈아가며 내 얼굴을 빤히 보고, 다시 시선을 거두기를 반복하는 게 아닌가. 외국인 티가 나나 싶어서 말없이 빙긋 웃기만 했다. 그랬더니 한 아주머니가 말을 걸어왔다. 하지만 역시나 알아들을 수 없었다. 몇 번을 들어도 말뜻을 이해할 수 없어서 결국 또 엉뚱하게 국적 고백을 해버리고 말았다.

뭐 대단히 중요한 얘기일까 싶었다. 능력 부족으로 대화는 이어지지 않았고 온천에 몸을 담그는 데 집중하자 금세 잊어버렸다. 쇼닌유上人湯의 물은 맑고 매끄러웠다. 매일 들어가고 싶을 만큼 부담이 없었다. 탕은 겨우 세 명만 들어가도 꽉 찰 정도였지만, 사이좋게 번갈아가며 몸을 담갔다. 오히려 저녁나절 온천의 분주함이 좋았다. 마치 밀레의 그림 속 소박한 감사 기도를 올리는 풍경 같다고 할까. 만족스러운 목욕이었다.

목욕을 마치고 나오는데, 문득 온천 스탬프를 찍지 않았다는 게 떠올랐다. 이상하게도 온천의 안과 밖 어디에서도 스탬프를 발견할 수 없었다. 휴대전화를 꺼내들고 인터넷 검색을 시작했다. 그리고 뜻밖의 진실을 마주하고 말았다. 온천 명인 웹사이트에 다음과 같은 안내 문구가 있었다.

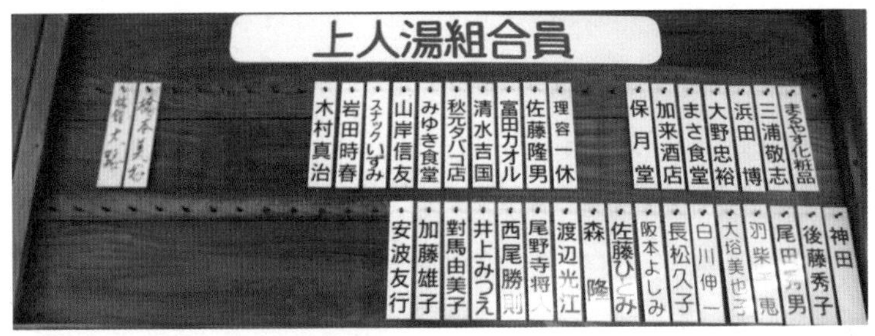
上人湯組合員
まるやす化粧品
三浦敬志
浜田博
大野忠裕
まさ食堂
加来酒店
保月堂
理容一休
佐藤隆男
富田カオル
清水吉国
秋元タバコ店
みゆき食堂
山岸信友
スナックいずみ
岩田時春
木村真治
神田
後藤秀子
白川伸一
長松久子
阪本よしみ
佐藤ひとみ
森 隆
渡辺光江
西尾勝則
井上みつえ
對馬由美子
加藤雄子
安波友行

入浴札
入浴札

ガッチリ守ろう、僕らの街。
消防団
消防団

'이용 시간 오전 10시부터 오후 6시까지. 맞은편 마사 식당에서 입욕용 목찰을 100엔 내고 대여해야 함.'

시계를 봤다. 정확히, 저녁 일곱시였다.

아, 이렇게 부끄러울 때가! 그러니까 조금 전 나는 금지된 목욕을 한 거였다. 저녁 여섯시 이후에는 조합원만 이용할 수 있다는 룰을 깨고 해맑게 침입하다니. 이걸 어쩐다. 일단 비용이라도 지불해야겠다 싶어 맞은편 마사 식당으로 향했다. 대뜸 100엔을 내밀자 아주머니가 난감한 얼굴로 "지금은 온천 못하는데"라고 하는 거였다. 사연을 설명할 길이 없어, 스탬프가 있냐고 묻곤 화끈거리는 얼굴로 스탬프를 찍었다. 그리고 인사를 건네고 도망치듯 사라졌다. 온천마다 이용수칙이 다르기에 항상 주의를 기울여야 한다는 걸 잊을 수 없는 실수로 배웠다. 이불을 뻥뻥 찰 만큼 부끄러웠다. 그래서 다짐했다. 언젠가, 꼭 제대로 방문하자고.

쾌청한 6월의 어느 오전, 두번째 방문이었다. 온천 앞에 서니 낯 뜨거운 기억이 새록새록 떠올랐다. 배운 대로 건너편 마사 식당에서 100엔을 지불하고 입욕용 목찰을 받았다. 그리고 문을 열었다. 꽤 애매한 시간임에도 할머니 두어 분이 몸을 담그고 계셨다. 인사를 건네자, 메아리처럼 똑같이 되돌아오는 답인사. 단정하고 고운 물결. 조금은 뜨거운 물. 모두 그대로였다. 반가웠다.

한쪽 구석에 자리를 잡고 물속에 들어갔다. 몸을 말리기를 한참을 반복했다. 천천히 온천을 즐기자니 질문이 날아들었다. 다행히도 이번에는 알아들을 수 있었다. "어디에서 왔어?" 그동안 일본어 공부를 했기에 지난번보다는 긴 대화를 이어갔다. 할머니는 료칸을 운영하고 있다며, 손님이 돌아간 뒤 늘 쇼넨유에 온다고 말했다.

모두가 목욕을 마치고 돌아갈 즈음 온천에 있는 분들에게 작은 선물을 건넸다. 실수를 했었다고, 다시 방문한다면 감사 인사를 건네고 싶었다고. 그 말까지는 미처 공부하지 못해서 그냥 빙긋이 웃고 말았다. 대신 뜬금없는 선물에 의아해 하는 할머니들께 오미자차를 마시는 방법을 설명해드렸다.

같은 온천에 두 번이나 들어가다니. 각기 다른 온천에 방문해 도장 88개를 모아야 겨우 명인이 되는 도전에서 이렇게 비효율적인 일을 하게 될 줄은 몰랐다. 그래도 썩 좋은 일이라고 생각했다. 쇼넨유는 낮에도 밤에도 좋은 온천이라는 걸 알게 되었으니까. 식당에 목찰을 다시 돌려주고, 온천을 물끄러미 바라보았다.

언제나 지금처럼 있어주길. 세번째 만남은 어떤 추억을 선물해줄지 벌써부터 궁금해진다.

연극이 끝난 뒤,
영센터

주소 오이타현 벳푸시 후로모토2구미
(大分県 別府市 風呂本2組)

영업시간 낮 공연 관람 시 11:00~16:00
저녁 공연 관람 시 17:00~21:30

정기휴일 매달 셋째주 목요일과 말일

찾아가기 간나와 버스정류장 하차 후 도보 3분

입욕요금 입장료 1300엔, 온천 입욕료 350엔

시설정보 샤워기, 대야, 의자 있음,
샴푸·샤워젤 등 비품 있음, 코인로커 있음

수질 염화물천 | **영업형태** 극장 겸 숙박시설

이곳에 가기까지 몇 번이고 망설였다. 커다란 간판이 한눈에 봐도 범상치 않은 인상을 주었기에 궁금했지만, 선뜻 발을 들여놓지는 못했다. 하지만 호기심을 이길 수 없었다. 온천 친구 유키에에게 이곳에 간다고 얘기했더니 유키에가 크게 웃었다. 그때까지만 해도 이유를 잘 몰라, 왜 웃느냐고 되물었다. 그랬더니 하는 말.

"거기 대중연극 극장인데 괜찮겠어?"

'이곳'은 영센터ヤングセンター로, 극장 겸 온천 겸 숙박시설이다. 여기까지가 내가 아는 정보였다. 정확히 말하면 '대중연극' 전문 극장이다. 유키에가 말하길 대중연극은 서민적인 공연으로, 권선징악이 뚜렷한 통속극과 춤과 노래를 선보이는 쇼인데 노인 취향의 극이라 젊은층이 보기에는 거리가 있다는 거였다. 그러니, 외국인에 젊은이인 내가 그곳에 간다니 놀랄 만했다.

하지만 내게도 이유가 있었다. 오로지 목적은 온천! 이색적인 온천을 경험하고 싶었다. 온천을 하려면 반드시 공연을 봐야 한다는, 다소 불합리해 보이는 이 규칙이 오히려 마음을 사로잡았다. 알아듣지도 못할 공연을 몇 시간씩 보고, 할머니 할아버지 사이에 불시착한 외계인처럼 앉아 있어야 한다는 것. 걱정스럽기는 했지만 충분히 경험할 만한 가치가 있다고 생각했다. 상상만으로도 웃기니까 말이다.

어느 일요일 저녁, 극장으로 향했다. 공연료는 무척 저렴했다. 3시간 가까이하는 공연 티켓이 1300엔. 거기에 온천 요금 350엔을 더해 총

1650엔을 지불했다. 등받이 의자와 방석을 추가로 구매할 수 있다고 직원이 친절하게 안내해주었지만 멀리서 관객들의 뒷모습을 보고 싶어, 맨 뒤 바닥에 자리를 잡았다. 과연 유키에의 말대로 젊은 사람은 나 혼자였다.

이윽고 막이 올랐다. 음악이 흐르고 조명이 무대를 비추자 분장을 짙게 한 배우가 등장해 춤을 추기 시작했다. 객석이 조금씩 기대감으로 들썩거렸다. 몇몇 배우는 팬서비스를 하듯 객석 가까이 다가가기도 했다. 그 순간 한 관객이 손짓으로 배우를 불러 무언가를 건네는 게 보였다. 자세히 보니 빳빳한 고액권을 배우의 기모노 깃 사이로 꽂아주는 게 아닌가! 공연 중 배우에게 관객이 팁을 직접 줄 수 있다는 게 신기했다. 방식은 낯설었지만, 뭐든 주고픈 '팬심'이란 역시 전세계 공통인 것 같다.

들썩거리는 쇼 타임이 끝나고 연극이 시작되었다. 연극은 코믹 사극으로 보였다. 소박한 무대 세트에 조금은 과장 섞인 희극 연기. 대사는 알아들을 수 없었지만 연기를 관찰하다보니 어느새 극에 빠져들어버렸다. 나는 어디가 고장 난 기계처럼 3초 정도 늦게 사람들을 따라 미소를 짓곤 했다. 반짝이는 눈빛과 집중하는 숨소리 그리고 들뜬 공기만으로도 어쩐지 기분이 좋았다.

공연이 끝나자마자 재빨리 온천으로 향했다. 잠시라도 온천을 전세로 즐기고 싶었기 때문이다. 사전 조사한 바로는 보통 관객들은 배우와의 악수 타임을 위해 한동안 극장에 머무른다고 했다. 다행히 예상 적중이

ご婦人・殿方
大浴場
身体リフレッシュ 蒸気サウナ
昼の部・夜の部は
別料金となります
ひょうたん温泉

었다. 온천은 상상 이상으로 규모가 넓었다. 100엔 온천의 탕 열 개는 족히 들어갈 공간이라 관객들이 한꺼번에 입욕해도 무리가 없어 보였다. 샤워시설이 갖춰진 좌석도 꽤 많았다. 게다가 사우나도 있었다.

구조와 수질도 인상적이었다. 보통 열탕과 온탕은 칸막이로 구분되어 수온을 조절하는데, 이곳은 칸막이 하나 없이 커다란 탕의 위치에 따라 열탕과 온탕으로 나뉘어 있었다. 그 비결은 원천 입구와의 거리! 뜨거운 물이 곧바로 쏟아지는 원천 입구와 가까운 쪽이 열탕, 그리고 원천 입구에서 먼 쪽이 온탕이었다. 탕이 워낙 넓어서 가능한 구분이었다. 탕을 따라 천천히 이동했더니 신기하게도 서서히 미지근해졌다.

나는 새로운 원천이 쏟아지는 쪽에 자리를 잡고 목 끝까지 몸을 담갔다. 감탄이 절로 터져나온다. 온천에 몸을 담그는 순간은 그 언제라도 항상 기쁘고, 짜릿하다. 촉감이 매끈매끈, 과연 피부 미용에 좋다는 '미인탕'다운 부드러움이었다. 이곳의 온천은 화장품의 주요 성분으로도 쓰이는 메타규산이 풍부해 피부에 좋다고 한다. 게다가 유량이 풍부한 덕분

인지 탕이 넘치도록 온천수를 자연 그대로 방류하는 가케나가시掛け流し 방식이어서 더 놀랍기도 했다.

온천의 힘을 온몸으로 느끼고 있으니, 곧 소란스러운 소리가 들려왔다. 한 무리의 아주머니들을 시작으로 사람들이 몰려왔다. 다 같이 온 걸까? 서로 아는 사이처럼 보였다. 공연 소감을 나누는 것 같기도 했다. 보통 온천이라면 조용했겠지만 여기는 신나는 공연 직후의 여운을 자연스럽게 나눌 수 있는 연회장인 셈이니까. 그 시끌시끌함에서 즐거움이 전해져왔다.

공연 관람 후 즐기는 온천은 경험하기 전에는 알 수 없는 미지의 세계였다. 하지만 세상에 이유 없는 존재는 없는 법. 이 재미있는 온천은 내 마음을 완전히 사로잡았다. 한국으로 돌아가 극장에 온천을 설치하면 대박이 날지도 몰라. 아니면 온천에 극장을 지어야 하나? 기쁘고 행복한 마음이 묻어나는 대화를 배경음으로, 탕 속에 몸을 담근 채 터무니없고 재미있는 상상 속으로 빠져들었다. 머릿속에서 다시 막이 오르고 있었다.

100% 온천을 만나는 일,

—

스지유 온천

주소 오이타현 벳푸시 간나와이다4
(大分県 別府市 鉄輪井田4)
영업시간 6:30~19:00, 연중무휴
찾아가기 간나와 버스정류장 하차 후 도보 5분
입욕요금 100엔(무인함 투입)
시설정보 대야 있음 ※샴푸·린스 등 사용 금지
수질 염화물천 | **영업형태** 공동 온천(무인)

100퍼센트 오렌지주스만큼이나 100퍼센트 온천을 찾기 힘들다는 건, 온천 마니아 사이에서 익히 알려진 사실이다. 온천이라고 해서 다 같은 온천이 아니라는 말이다. 사정에 따라 물을 넣고 섞기도 하고, 소독약을 주입해 여과하고 다시 재사용하기도 한다. 심지어 몇 년 전 일본에서는 인공적으로 입욕제를 풀어넣은 온천이 발각되어 큰 파문이 일기도 했다. 자원은 점점 고갈되고 눈속임이 난무하는 요즘, 100퍼센트 온천을 만난다는 건 그리 쉽지 않은 일. 그래서 이곳 스지유 온천すじ湯温泉은 귀하고, 또 가볼 만한 가치가 있다.

그런데 사실 고백하자면, 스지유 온천을 알게 된 건 우연이었다. 좁은 골목에서 식당을 찾다 발견한 게 엉뚱하게도 온천이었다. 대나무 빗자루처럼 생긴 온천 냉각장치인 '유메타케湯雨竹'를 보고 헤매던 발걸음을 멈췄다. 말로만 듣던 유메타케를 직접 본 건 처음이었기 때문이었다. 물방울이 대나무 가지를 타고 흐르는 동안 찬 공기와 접촉하며 온도가 낮아지

는 게 유메타케의 원리인데, 과연 온천수가 대나무 표면을 타고 식어가는 걸 관찰할 수 있었다. 유메타케를 쓴다면 이 온천은 뭔가 특별하지 않을까. 잠시 배고픔은 뒤로 하고 온천으로 향했다.

문을 열고 들어가자 요금함과 함께 불상이 정면에 배치되어 있었고 왼쪽은 여탕, 오른쪽은 남탕으로 입구가 나뉘어 있었다. 요금 100엔을 요금함에 투입하고 잠금장치 하나 없는 여닫이문을 밀고 들어갔다. 탈의실에는 아주머니 한 분이 이제 막 목욕을 마쳤는지 나갈 채비를 하고 있었다. 웃으며 인사를 건네곤 이것저것 주섬주섬 챙겨 탕에 들어가려는 찰나 아주머니가 나를 막아섰다. "잠깐, 그거 들고 들어가면 안 돼." 내 손에 들린 건 샴푸·린스 등 각종 세면도구가 들어 있는 가방이었다. 의아한 표정을 짓는 내게 이어 말했다. "여기는 온천만 있어서 씻을 수 없어."

좀더 풀어서 설명하자면, 여기는 수도시설 없이 온천수만 사용하기 때문에 비누나 샴푸를 사용해 씻는 행위가 금지되어 있다는 뜻. 수도시설이 없으면 정화조도 없기 때문에, 샴푸를 사용하면 근처 하천이 오염된다고 한다. 과연 벽에 빨갛고 큰 글씨로 안내문이 적혀 있었다.

아주머니의 가르침 덕분에 만행을 저지르지 않고 온천에 무사히 입성했다. 그 뒤 입욕 절차는 아주 간단했다. 먼저 대야에 물을 받아 손과 발부터 씻고, 그다음에는 온몸에 끼얹기를 두세 차례 반복하며 물로 깨끗이 씻는다. 보통이라면 여기에 비누를 쓰는 샤워 과정이 추가되겠지만, 그럴 수 없으니 오로지 물만으로 씻고 탕으로 들어가는 수밖에. 그나마 직전에 다른 온천을 다녀왔기에 한결 수월했다.

온천물은 따끈따끈했지만, 특별히 뜨겁다고 느낄 정도는 아니었다. 워낙 강한 온천에 단련이 된 것일까. 아니, 그렇다고 해도 이 정도면 누구나 쉽게 들어갈 수 있을 온도였다. 어차피 수도가 없으니 찬물을 섞으려 눈치 보지 않아도 되고 편했다. 온천 수질은 더 말할 것도 없이 좋았다. 지금 막 유메타케를 타고 한 김 식은 온천 물방울이 하나둘 모여, 신선하게 공급되고 있었다. 이건 뭐, 목장에서 우유를 갓 짜서 바로 마시는 수준 아닌가? 게다가 온천을 전세 낸 것처럼 즐길 수 있는 호사를 누리다니. 온천 마니아로서 가슴이 벅차오른다.

그래서 궁금해졌다. 100퍼센트 온천을 어떻게 운영하는 건지 말이다. 허기도 잊은 채 탈의실에 앉아 몸을 말리며 검색을 시작했다. 그리고 놀라운 사실을 알게 됐다. 스지유 온천은 2015년 11월에 경영난으로 문을 닫았다가, 2016년 4월에 지역민과 온천 마니아들의 지원으로 다시 문을

경영난에 문을 닫았던 스지유 온천은 지역민과 온천 마니아들의 지원으로 2016년 새롭게 문을 열었다. 온천을 사랑하는 이들의 마음이 모여 100퍼센트의 온천을 지켜 낸 것이다. 이들의 고마운 노력 덕분에 나는 몸도 마음도 따뜻하게 데울 수 있었다.

열었다는 거였다. 전국적으로 온천 조합원을 모집하는 제도를 신설하는 등 각고의 노력을 기울였다고 한다. 내가 누린 즐거움은, 결코 쉽게 만들어지지 않았구나. 기사를 읽으면서 스지유 온천을 되살리는 데 힘을 모은 모두에게 고마움을 느꼈다.

그래서 나가는 길에 한 번 더 요금을 냈다. 고마운 마음은 돈으로 표현하는 법이니까. 그리고 100퍼센트 온천을 만나는 일에 대해 생각해봤다. 아주 오래전 온천이 솟아난 일, 80년 전 누군가가 온천을 짓기로 결심한 일, 수많은 사람을 품어준 일, 버티다 못해 어느 날 문을 닫게 되었지만 그 이후로도 이곳을 그리워하는 사람들이 잊지 못하고 의기투합한 일, 새로운 사람들이 모여 온천에 다시 온기를 불어넣은 일, 그리고 어느 날 길을 잃고 헤매다 내가 온천과 맞닥뜨린 일까지.

운명이라고 하면, 과대망상일까? 그렇다고 해도 상관없지. 100퍼센트 온천을 만났으니까. 더 많은 사람들이 100퍼센트 온천을 만나기를 바라며 불현듯 고파진 배를 잡고 간나와 마을의 골목으로 다시 나섰다.

스지유 온천 조합원 캐릭터

Stay

간나와에서 머무르기

예로부터 간나와 온천 마을은 몸과 마음의 치유를 위해 머무르는, 이른바 탕치 문화가 활발했던 곳이다. 그래서 저렴한 민박부터 고급 료칸까지 숙소의 종류도 다양해 각자의 취향과 사정에 맞는 범위에서 탕치 문화를 즐길 수 있다. 산뜻한 아침 온천, 느긋한 밤 산책은 간나와에 머무르는 자만이 누릴 수 있는 선물이다. 마음 가는 대로, 발길 닿는 대로 시간을 보내면 자연스레 알게 될 것이다. 이곳이 왜 그토록 오랫동안 사람들에게 치유의 마을로 사랑을 받았는지 말이다. 머무르는 것만으로도 간나와의 매력을 발견할 수 있는 숙소를 소개한다.

저렴하게 탕치 문화를 경험할 수 있는, 요코소 료칸

간나와 마을의 탕치는 값비싼 비용을 지불하는 대신 스스로의 힘으로 먹고, 쉬고, 움직이는 데 중점을 둔다. 누구의 간섭도 없이 유유자적 여유를 즐기는 탕치 문화의 정수를 경험하고 싶다면, 특히 비용을 절감하고 싶다면 요코소 료칸陽光荘 旅館을 추천한다.

이름은 료칸이지만 사실상 민박에 가깝다. 식사 옵션은 없고, 오로지 숙박만 가능하다. 대신 주방이 있어 요리를 해먹을 수 있다. 현지에서는 이런 숙소를 셋방이라는 뜻의 '가시마貸間'라고 부른다.

요코소 료칸은 1인 1박 4천엔으로 독립된 다다미방에 머무를 수 있어 게스트하우스와 비교해도 가격 면에서 훌륭하다. 2박 이상 머무를 시 연박 할인으로 1박에 3500엔까지 가격이 내려간다. 낡은 시설에 공용 화장실 이용, 복잡한 구조가 불편하

기는 하지만 가격을 생각하면 합리적이다. 마을 중간에 있어 간나와를 돌아보기에도 편리하다.

이곳의 하이라이트는 '지옥 찜' 설비가 있다는 것! 24시간 내내 온천 증기가 올라오는 증기구에 재료를 넣기만 하면 찜 요리가 완성되는 놀라운 경험을 할 수 있다. 게다가 펄펄 끓는 온천수가 언제나 준비되어 있어 물을 끓일 필요도 없다. 또한 저렴한 가격에 비해 훌륭한 온천을 갖추고 있어 인기가 많다. 온천은 본관에 하나, 별관에 하나 있는데 모두 숙박자 전용이라 느긋하게 즐길 수 있다.

마지막으로 이곳을 적극 추천하는 이유는, 전통적인 탕치 체험을 할 수 있기 때문이다. 이는 료칸의 특별한 역사 덕분인데, 바로 간나와 마을을 대표하는 관광 코스인 '벳푸 지옥 순례' 온천지 중 한 곳이었던 것. '지옥 온천'은 지금의 자리에서 1937년까지 영업을 하다가, 이후 지옥 순례지가 간나와 마을 위쪽으로 옮겨가면서 료칸이 되었다고 한다. 80여 년의 세월 동안 간나와의 중심을 지켜오며, 수많은 탕치객을 불러 모았던 유서 깊은 숙소에서 경험하는 탕치는 그 자체로 특별하다.

주소 오이타현 벳푸시 이다3구미(大分県 別府市 井田3組) | **체크인/체크아웃** 14:00~17:00/10:00 | **요금** 1인 1박 4000엔 *현금 결제만 가능, 이메일 예약 가능 | **형태** 전통 민박(식사 미포함, 취사 가능) | **전화번호** 0977-66-0440 | **홈페이지** www.coara.or.jp/~hideharu

내 집처럼 편안하게, 호텔 닛세이야

탕치는 하고 싶지만 낡은 시설에 망설여진다고? 그렇다면 호텔 닛세이야ホテル日生や로 가자. 호텔 닛세이야는 오래된 비즈니스호텔을 2014년에 리모델링해 깔끔하고 모던한 감각을 자랑한다. 여느 탕치 숙소처럼 식사 제공 옵션은 없고 지옥 찜 가마 체험이 가능한 주방과 온천이 있지만, 방은 호텔식인 것이 특징. 콤팩트한 공간감이 자아내는 독립적인 호텔 분위기 때문에 젊은층과 소규모 그룹 숙박객들에게 인기가 많다고 한다.

방은 두 종류로 다다미방과 트윈 베드룸이 있다. 다다미방은 6조로 작은 편이라 1인 숙박을 추천하며, 2인 숙박에는 트윈 베드룸을 추천한다. 트윈 베드룸은 최상층에 있어 수증기가 뭉게뭉게 피어오르는 풍경뿐만 아니라 멀리 벳푸 앞바다까지 바라다볼 수 있어 매력적이다.

지옥 찜 가마와 주방은 호텔 입구 바깥에 마련되어 있는데, 규모는 그리 크지 않지만 각종 식기류가 빠짐없이 갖춰져 있어 편리하다. 방에도 조그맣게 주방이 마련되어 있어 간단한 조리가 가능하다.

배부르게 지옥 찜 요리를 만들어 먹고 난 뒤에는 개운하게 아침 온천을 즐기자. 온천은 일반 호텔의 대욕장과 크게 다르지 않다. 하지만 촉촉한 수질에 호텔답게 비품이 충실히 갖추어져 있어 편하게 온천을 즐길 수 있다.

탕치 문화가 가진 느긋하고 여유로운 감각을 놓치지 않고 쉬어갈 수 있는 호텔 닛세이야. 원할 때 먹고, 쉬고, 몸을 담글 수 있는 온전한 자유를 누리며 내 집처럼 편안하게 간나와를 경험하고 싶다면 호텔 닛세이야를 추천한다.

주소 오이타현 벳푸시 후로모토2구미(大分県 別府市 風呂本2組) | **체크인/체크아웃** 15:00~24:00/10:00 | **요금** 다다미(6조) 1인 6000엔, 트윈 베드룸 1인 7500엔 | **형태** 비즈니스호텔(식사 미포함, 취사 가능) | **전화번호** 0977-67-6677 | **홈페이지** hotel-nisseiya.com

예술로 다시 태어난 전통 숙소, 샐리가든 야나기야

샐리가든 야나기야サリーガーデンの宿 柳屋는 메이지시대부터 운영되던 전통 료칸 '야나기야'를 계승한 곳이다. 이곳은 평범한 료칸과 달리 미술가 모치즈키 미치아키望月通陽에게 숙소 콘셉트와 디자인을 전면 의뢰하고 곳곳에 작품을 걸어두어 갤러리에 온 것 같은 착각을 불러일으킨다. 세월이 고스란히 쌓인 고풍스러운 료칸에 세련된 감각이 더해져 특별한 경험을 선사한다.

이곳은 다양한 금액대의 숙박 서비스를 제공한다. 민박으로 묵으면서 지옥 찜 가마를 이용해 요리를 할 수도 있고, 이탈리안식으로 제공되는 고급스러운 가이세키를 즐길 수도 있다. 가장 저렴한 가격은 1인 1박 기준 5천엔, 별채에 식사를 포함한 최고 옵션 가격은 5만엔을 훌쩍 넘는다.

나는 9180엔에 1인 1박 조식 포함으로 다다미 4.5조의 아담하고 소박한 방에서 묵었는데, 숙소에서 제공하는 경험의 가치를 고려하면 그다지 비싸게 느껴지지 않았다. 내킬 때 쉬고, 먹고, 온천 마을을 거니는 평범한 경험이었는데도 숙소에서 제공하는 모든 것이 미적으로 아름다워 한층 마음을 풍요롭게 해주었다. 고풍스러운 라운지에서 여유를 즐기고, 모치즈키가 디자인한 세련된 유카타를 입고 온천 마을을 걷는 건, 분명 선물과도 다름없었다. 여유롭게 시간을 보내고 싶은 사람에게 추천한다.

주소 오이타현 벳푸시 간나와이다2구미(大分県 別府市 鉄輪井田2組) | **체크인/체크아웃** 15:00~20:00/10:00 | **요금** 다다미(3조) 1인 5000엔부터 별채 2식 제공 1인 52000엔까지 | **형태** 전통 료칸(민박 또는 식사제공 옵션 선택 가능 | **전화번호** 0977-66-4414~5 | **홈페이지** beppu-yanagiya.jp

Eat

간나와에서 먹기

온천 증기는 거들뿐, 지옥 찜 요리 체험

무시유에서 사람을 쪘으니, 이제는 음식을 쪄보자. 어디서나 온천 증기를 쉽게 발견할 수 있는 간나와에서 가장 유명한 요리는 뭐니뭐니해도 '지옥 찜'이다. 온천 증기구에 채소, 고기, 달걀 등을 넣고 찌는 요리다.

지옥 찜을 맛보기 위해서는 두 가지 방법이 있다. 첫째, 지옥 찜 요리를 하는 식당에 가는 것. 둘째, 지옥 찜 요리를 직접 해먹을 수 있는 숙소에 머무르거나 체험시설을 이용하는 것이다. 간나와 곳곳에는 지옥 찜 요리를 하는 식당이 많지만 특별한 체험을 해보고 싶다면 직접 요리에 도전해보는 것도 좋다.

지옥 찜을 해먹는 방법은 다음과 같다.

첫째, 재료를 손질하고, 소쿠리에 담는다. 쪄서 바로 먹을 수 있게 손질하는 것이 포인트.

둘째, 소쿠리에 재료를 담고 증기구에 넣는다. 재료마다 찌는 시간이 다르므로, 꼭 미리 체크하고 타이머도 켜두자. 채소는 2~3분, 달걀은 10분, 고기나 해산물은 10~15분 정도 찐다. 그리고 접시에 담아서 차리기만 하면 끝.

요리라고 부르기에 민망할 정도로 간단하지만 맛은 훌륭하다. 단순한 조리법 때문

에 응용 요리도 무궁무진하다고 한다. 지옥 찜으로 밥은 물론이고 푸딩도 만들어 먹을 수 있다고 하니 말이다.

온천 증기에 쪄낸 지옥 찜은 독특한 풍미를 자랑했다. 특히 고기 맛이 상상 이상이었는데, 육즙은 풍부하고 식감은 보들보들했다. 함께 찐 감자와 달걀은 온천을 다니면서 틈틈이 간식과 야식으로 먹었다. 간나와에 머무는 동안 계속해서 식재료를 쪄먹으며 지옥 찜의 매력에 푹 빠졌다.

무엇보다 지옥 찜이 좋았던 것은, 온천 증기가 요리의 주인공이 될 수 있다는 사실이다. 허공에 흩어지면 사라지고 말 온천 증기를 활용해 요리를 만들고, 심지어 난방까지 해결하는 지혜를 가진 간나와 사람들. 어찌 보면 지옥 찜은 척박한 땅에서 살아남기 위해 노력했던 결과물일 것이다. 운명을 개척하고 삶을 가꾸어나간 간나와 사람들 덕분에, 온천이 주는 또다른 행복을 만끽할 수 있었다.

만일 지옥 찜 요리를 체험하고 싶지만 간나와에서 숙박하지 않는다면 '지옥 찜 공방 간나와地獄蒸し工房 鉄輪'나 '지옥 관광연구소 엔마 식당地熱観光ラボ縁間' 같은 체험시설을 이용하자.

· 지옥 찜 공방 간나와

시에서 운영하는 지옥 찜 공방 간나와는 지옥 찜 체험장 중 가장 널리 알려진 곳으로, 다양한 재료 옵션이 마련되어 있어 인기가 많다. 단, 예약할 수 없고 사람들이 몰리는 식사 시간대에는 오래 기다려야 할 수도 있으니 참고해 방문하자. 인기 메뉴는 돼지고기 샤부샤부. 그밖에도 채소, 해산물 등 다양한 재료가 마련되어 있으니 취향에 따라 조합해 나만의 지옥 찜을 만들어보자.

주소 오이타현 벳푸시 후로모토5구미(大分県 別府市 風呂本5組) | **영업시간** 9:00~20:00(접수 마감 19:00, 혼잡 시 조기 마감) | **정기휴일** 매월 셋째주 수요일(공휴일인 경우 다음날 휴무) | **이용요금** 찜 솥 소형 기본 사용(20분, 340엔), 돼지고기 샤부샤부(1500엔) | **전화번호** 0977-66-3775

· 지옥 관광연구소 엔마 식당

온천에서 할 수 있는 다양한 체험 견학 시설을 갖추고 있는 곳이다. 지옥 찜 체험장뿐 아니라 관광농원, 벳푸 죽세공 체험장, 식당, 기념품가게까지 충실하게 갖춰진 관광지다. 인기 메뉴는 특이하게도 '원조 해산물 지옥 피자'라고 하니 방문 시 참고해보자. 식사하며 족욕을 즐길 수 있는 좌석이 마련되어 있으며, 인터넷 예약도 가능하다.

주소 오이타현 벳푸시 간나와지 후로모토228-1(大分県 別府市 鉄輪字 風呂本228-1) | **영업시간** 10:00~22:00, 연중무휴 | **이용요금** 찜 솥 기본 사용(20분에 500엔), 원조 해산물 지옥 피자(1500엔) | **전화번호** 0977-75-9592 | **홈페이지** enma-ch.com

소박한 현지인의 밥집, 마사 식당

당고지루, 가케우동, 가츠동, 야키소바……. 소박한 현지의 음식을 만날 수 있는 마사 식당まさ食堂은, 쇼닌유(40쪽)의 목찰 구입처로 잠깐 등장하기도 했던 곳이다. 단골들이 입을 모아 추천해준 메뉴는 오이타현의 명물인 당고지루. 된장국 베이스에 면발같이 생긴 일본식 수제비가 들어간 국인데, 한국인 입맛에도 잘 맞아서 부담 없이 먹을 수 있다. 여느 식당에서 맛볼 수 있는 소박한 메뉴지만 깊은 맛을 내는 국물과 쫄깃한 면발의 조화가 든든한 한 끼로 제격이다. 메뉴에 사진과 일부 한국어 표기도 있으니 안심하고 방문해도 좋다.

주소 오이타현 벳푸시 기타간나와 후로모토5구미(大分県 別府市 北鉄輪 風呂本5組) | **영업시간** 11:00~14:30, 18:00~22:00 | **정기휴일** 매주 수요일 | **대표메뉴** 당고지루(680엔), 가츠동(680엔), 짬뽕(680엔) | **전화번호** 0977-66-0684

가족이 만드는 따뜻한 프렌치, 레스토랑 미쓰보시

레스토랑 미쓰보시レストランミツ星는 프렌치 레스토랑으로 간나와 호텔 주방장 출신인 오쓰카 마사아키 씨와 가족이 운영한다. 인기 메뉴는 오므라이스. 점심 한정 메뉴이고 인기가 많아 서두르지 않으면 맛보기 힘들다. 나는 '추천 특제 훅소 햄버그스테이크'를 맛봤는데, 촉촉하게 씹히는 고기, 그리고 깊은 풍미의 데미글라스 소스, 지옥 찜으로 조리한 가니시와의 조화가 멋드러졌다. 레트로풍의 아늑하고 따뜻한 공간에서 일본식 프렌치 요리를 저렴하게 맛볼 수 있는 곳으로 추천한다.

주소 오이타현 벳푸시 간나와284 미유키자카 아시야 Urban Life 1층(大分県 別府市 鉄輪284 みゆき坂 あしや アーバンライフ1F) | **영업시간** 11:00~15:00(L.O. 14:00), 17:00~21:00(L.O. 20:00) | **정기휴일** 매주 화요일(공휴일인 경우 다음날 휴무) | **대표메뉴** 점심 한정 오므라이스 세트(1080엔), 추천 특제 흑소 햄버그스테이크(1620엔) | **전화번호** 0977-67-3536 | **홈페이지** mitsuboshi3.webcrow.jp

혁신적인 온고지신, 오토 에 세테 오이타

전통적인 온천 마을에서 혁신적인 이탈리안 요리를 만날 수 있다고 들었을 때 고개를 갸웃거렸다. 그리고 궁금함을 참지 못하고 맛봤을 때, 절로 고개가 끄덕여졌다. 오토 에 세테 오이타Otto e Sette Oita는 '컨템퍼러리 지옥 이탈리안'을 모토로 이 지역에서만 맛볼 수 있는 요리를 선보이는 레스토랑이다. 식재료는 모두 오이타산, 사용되는 그릇 역시 지역 작가의 작품이다. 조리 방식은 온천 증기를 활용한 지옥 찜에 기반을 둔다. 이곳에서 요리를 맛보고 싶다면 런치 코스를 권한다. 1인 2700엔이면 미쉐린 가이드 '빕 구르망 2018'에 오른 요리를 전채, 파스타, 메인, 디저트까지 풀코스로 만끽할 수 있다. 메뉴는 계절에 따라 바뀌니 홈페이지를 참조하길 바란다.

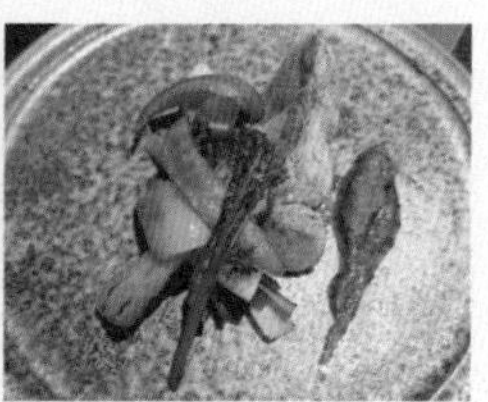

주소 오이타현 벳푸시 이다2구미(大分県 別府市 井田2組) | **영업시간** 11:30~14:00(L.O.), 18:00~21:00(L.O.) | **정기휴일** 매주 화요일 | **대표메뉴** 런치 코스(2700엔), 디너 코스(5000엔, 7500엔, 10000엔) | **전화번호** 0977-66-4411(예약 가능) | **홈페이지** www.ottoesetteoita.com

문화의 향기가 흐르는 백년의 공간, 후지야 갤러리 하나야모모

후지야 갤러리 하나야모모冨士屋Gallery一也百는 갤러리, 콘서트홀, 카페, 숍이 한 데 모인 복합문화공간이다. 공연과 전시가 열릴 때 가면 좋지만, 아니어도 좋다. 120년 세월을 견딘 고풍스러운 건축물을 보는 것만으로도 충분한 가치가 있기 때문이다. 1899년부터 1996년까지 운영되던 후지야 료칸 건물을 3대째인 야스나미 씨가 물려받아 멋지게 리노베이션했다. 뒷골목에 조용히 자리잡아 사람들의 눈에 잘 띄지 않는 데다, 아름다운 정원이 건물을 감싸고 있어 훌쩍 시간여행자가 된 듯한 기분마저 든다. 고즈넉한 분위기 속에서 쉬어가고 싶을 때 들러보자.

주소 오이타현 벳푸시 간나와카미1구미(大分県 別府市 鉄輪上1組) | **영업시간** 10:00~17:00 | **정기휴일** 매주 월, 화요일(이벤트 시에는 영업) | **대표메뉴** 오리지널 커피(540엔), 홍차(540엔), 과일 주스(540엔) | **전화번호** 0977-66-3251 | **홈페이지** www.fujiya-momo.jp

촉촉하고 달콤한 시폰 케이크, 아루테노이에

아루테노이에alteneue는 오이타의 유명 케이크가게 '샐리 가든サリーガーデン'의 시폰케이크를 맛볼 수 있는 카페다. 비교적 한적한 골목에 자리잡은 카페임에도 사람들의 발길이 끊이지 않는다. 동물 복지 인증 농장에서 생산된 달걀만을 사용한다는 플레인 시폰케이크는 촉촉하면서도 담백하고, 인기 메뉴 말차 케이크는 쌉쌀한 맛이 일품이다. 케이크는 테이크아웃도 가능하지만, 시간이 허락한다면 차분한 분위기 속에 느긋한 여유를 즐기는 건 어떨까?

주소 오이타현 벳푸시 간나와 이다2구미(大分県 別府市 鉄輪 井田2組) | 영업시간 10:00~18:00(L.O. 17:30), 연중무휴 | 대표메뉴 플레인 시폰 조각 케이크(324엔), 말차 시폰 조각 케이크(361엔) | 전화번호 0977-51-4286

손맛 가득 따끈한 만두, 간나와 부타망

간나와 부타망鉄輪豚まん은 온천 증기를 이용한 새로운 명물을 만들 수 없을까 고민하던 지역 주민 여성 다섯이 의기투합해 연 만두가게다. 2002년 문을 열어 역사는 다소 짧지만, 간나와 마을을 찾는 사람들에게 널리 알려진 명물이 되었다. 가게 앞은 뜨거운 만두를 호호 불어먹는 사람들로 늘 북적인다. 만두는 주문한 즉시 온천 증기에 찌는데, 모락모락 김이 피어오르는 하얗고 토실한 만두를 두 손 가득 쥐는 것만으로도 배가 불러오는 기분이다. 속이 꽉 찬 만두로 입욕 후 출출해진 배를 채워보자.

주소 오이타현 벳푸시 간나와 이다3(大分県 別府市 鉄輪 井田3) | 영업시간 9:00~16:00 | 정기휴일 매월 둘째주 월요일 | 대표메뉴 지옥 찜 돼지고기 만두(190엔) | 전화번호 0977-66-6390 | 홈페이지 www.irfnso.ne.jp/butaman

두번째 동네

구름도 쉬어가는 마을
묘반 明礬

♨

벳푸 지역 특산물인 '유노하나' 생산지로 널리 알려진 묘반. 관광객 대부분은 생산시설을 둘러본 뒤 유노하나 제품을 사고 돌아간다. 하지만 이 마을의 진가는 몸을 담가야 제대로 알 수 있다. 유황과 산성의 절묘한 조화를 이루는 묘반의 온천은 독특한 입욕 감각을 선사한다. 산자락의 구름도 느릿느릿 쉬어가는 마을, 묘반으로 떠나보자.

유노하나가 둥실둥실
—
가쿠주센

주소 오이타현 벳푸시 묘반3구미(大分県 別府市 明礬3組)
영업시간 7:00~20:00, 연중무휴
(단 시설 상황에 따라 부정기 휴무)
찾아가기 묘반 버스정류장 하차 후 도보 2분
입욕요금 자율 요금제(요금함 투입) | **시설정보** 대야 있음
수질 산성천
영업형태 시영 온천(무인)

유노하나湯の花. 온천에 관심을 두기 시작했을 무렵부터 유노하나가 궁금했다. 온천을 소개하는 글에 빠지지 않고 늘 등장했기 때문이다. 유노하나는 말 그대로 '온천의 꽃'을 의미하는데, 온천수에 섞인 광물질이 결합해 눈으로 볼 수 있는 온천 침전물을 말한다. 유노하나는 물 위로 떠오르거나, 파이프나 탕 둘레에 침전물을 형성하기도 하고 온천가스에서 석출되기도 한다. 또, 유노하나가 풍부하면 온천수 자체가 진해 피부에는 물론 건강에도 좋다고 한다.

하지만 그건 사전적 정의일 뿐, 궁금증은 해소되지 않았다. 유노하나는 얼마나 좋은 물질일까? 좋은 온천은 뭐가 다를까? 미끈미끈하다, 뻿뻿하다, 부드럽다, 달라붙는다, 상쾌하다 같은 묘사 앞에서 장님 코끼리 더듬듯 상상의 나래를 펼쳐보지만, 느껴본 적 없는 감각에 갈증을 느낄 수밖에 없었다. 그리고 전혀 기대하지 않았던 곳에서 충격적인 유노하나를 만났다.

유노하나는 말 그대로 '온천의 꽃'을 의미하는데, 온천수에 섞인 광물질이 결합해 눈으로 볼 수 있는 온천 침전물을 말한다.

간나와를 떠나 묘반에 도착한 시간은 정오 무렵이었다. 숙소는 체크인 전이라 문이 굳게 잠겨 있었다. 설상가상으로 비까지 추적추적 내리는 상황. 짐이 없다면 그럭저럭 괜찮겠지만 28인치 캐리어를 끌고 묘반의 가파른 길을 걷기는 역부족이다. 어떻게 할까 고민하던 끝에 온천을 떠올렸다. 묘반에 오면 가려고 했던 가쿠주센鶴寿泉이 마침 아주 가까이에 있었다. 이보다 더 시간을 잘 보낼 방법은 없을 것 같아 온천으로 직행했다.

가뜩이나 좁은 공동 온천에 커다란 캐리어라니, 괜한 민폐를 끼칠까봐 걱정했는데 다행히 아무도 없었다. 마침 점심 때라 그런 것 같았다. 안으로 들어서자마자 은은한 유황냄새가 느껴졌다. 탈의실과 온천 사이 문이 없는, 일체형 구조가 소박한 분위기를 자아냈다.

비에 젖어 찝찝하게 들러붙은 옷가지를 훌훌 벗고 온천으로 들어갔다. 겨우 서너 명 들어갈 것 같은, 나무로 짜인 자그마한 탕이 한가운데 덩그러니 있었다. 그런데 희고도 푸른빛이 감도는 온천수의 빛깔이 예사롭지 않았다. 온도를 체크하려고 손으로 물을 휘젓자, 이게 뭐지? 희뿌연 가루로 보이는 것들이 탕 안 가득 떠올랐다. 설마 물때인가? 한참을 휘저어도 하얀 가루는 계속해서 떠올랐다. 정체를 알 길이 없어 곧바로 몸을 담그지 못하고 망설였다.

일본 사람들이 온천에서 때를 밀진 않으니 때는 아니겠고…… 설마, 이게 말로만 듣던 유노하나인가? 손에 잡힐 듯 잡히지 않는 이것이 바로 유노하나라는 걸, 한참 후에야 알아차렸다. 온천에 익숙하지 않은 사람들이 유노하나를 처음 보면 때라고 생각한다더니, 글로만 온천을 배운 내가 딱 그랬다.

탕 아래 고요하게 가라앉아 있던 유노하나가, 손과 발을 담그자 와르르 물 위로 떠올랐다. 그 양이 보통이 아니었다. 스노볼을 흔들면 쏟아지는 눈꽃가루처럼, 움직일 때마다 유노하나가 떠올라 탕을 새하얗게 물들일 정도였다. 온천 바닥을 발로 살살 문지르듯이 밀자, 더 많은 유노하나가 부유했다. 충격적이었다. '이렇게 유노하나가 가득한 온천이라니' '온천에서 생기는 침전물이 이렇게 많을수가!' 감탄 연발이었다. 신기한 마음에 가만히 있지 못하고 유노하나를 조심스럽게 떠 온몸에 문질렀다.

옅은 푸른빛을 띠던 물빛이 입욕을 마칠 즈음엔 옅은 녹색으로 바뀌었다. 광물질이 풍부한 온천에서는 온습도나 날씨에 따라 시시각각 색이 변한다고 듣기는 했지만, 직접 목격한 건 처음이었다. 침전물이 피부에 달라붙어 있어도 상쾌하기만 했다.

사막에서 오아시스를 찾은 것처럼 기뻤다. 비를 피하고 시간을 좀 보내려 찾았을 뿐인데 보석 같은 온천을 발견하다니. 게다가 무료라니! 마음속 깊이 감동이 밀려왔다. 이후 가쿠주센은 벳푸에서 내가 가장 좋아하는 온천이 되었다.

안타깝게도 최근 가쿠주센은 급격한 온도 변화로 부정기 휴업을 갖는 일이 종종 있다고 한다. 온천도 천연자원이니 언제까지나 영원하지는 않은 법. 그러니 만일 묘반에 갔을 때 가쿠주센이 열려 있다면 기쁜 마음으로 입욕해보자.

입욕을 마치고 나오자 들어갈 때는 예사로 생각했던 온천 입구의 불단이 새삼 다른 의미로 다가왔다. 싱그럽게 피어난 국화와 들꽃을 모아 가지런히 꽂아둔 이, 좋아하는 사탕을 정성스레 올려둔 이는 누구일까? 아마도 매일같이 이곳을 다녀가는 동네 주민들이지 않을까? 온천의 은혜에 감사하는 그 마음과 정성이 오래오래 가쿠주센을 지켜왔을 것이다. 언제나처럼 그 자리에서 변치 않기를 바라는 마음으로, 작은 기도를 올리고 돌아나왔다.

이유 있는 평범함

부젠야 료칸

주소 오이타현 벳푸시 묘반2구미(大分県 別府市 明礬2組)
영업시간 11:00~16:00, 부정기 휴무
찾아가기 묘반 버스정류장 하차 후 도보 4분 | **입욕요금** 500엔
시설정보 샤워기, 대야, 의자 있음, 샴푸·린스 등 비품 있음
수질 유황천 | **영업형태** 숙박시설

료칸으로 가는 골목은 적막했다. 길을 맞게 들었는지 의심이 들 정도였다. 길 건너 오카모토 매점이나 묘반 유노사토가 단체 관광객으로 북적이는데 반해, 정작 마을에는 사람 한 명 보이질 않았다. 좁은 골목을 오르길 5분여, 막다른 길에 다다르자 부젠야 료칸豊前屋旅館이 모습을 드러냈다.

료칸도 적막하기는 마찬가지였다. 인기척이라곤 없는 데다가 프런트에도 사람이 없었다. 불안했다. 혹시 월요일 오후 3시에는 영업을 하지 않는 걸까. '스미마셍'을 세 번 정도 외치고서야 주인이 나타났다. 다행히 입욕이 가능하다고 했다. 요금을 지불하고 안내받았다.

그때까지만 해도 큰 기대는 없었다. 온천 명인 사이트에서도 '언덕에 자리한 조용한 온천 료칸'이라는 소개가 전부였으니까. 그리고 정말로 언덕에 있고 조용했다. 온 김에 도장이나 하나 더 모을 생각이었다.

첫인상은 평범함 그 자체였다. 노송나무 욕조에 창문이 커다랗게 나 있었다. 크기는 대절탕(혼자 또는 일행과 독점하여 빌려 쓰는 욕실)인데 용도는 대욕장(많은 인원을 수용할 수 있는 규모의 욕실로 낯선 사람과 함께 입욕하는 대중탕)이라 혼자 쓸 수 있어서 다행이었다. 기계적으로 옷을 벗었다. 그리고 온천 안으로 들어섰다. 실례하겠습니다.

가까이 가자 탕에서 신선한 나무 향이 뿜어져나왔다. 유노하나 가득한 온천수가 모락모락 김을 피웠다. 이쯤에서 갑자기 마음이 동했다. 먹음직스러운 음식을 마주한 것처럼 충동적인 기분으로, 바가지 한가득 온

천수를 담아 온몸에 끼얹었다. 그리고 소리를 질렀다. "으악!" 물 온도가 상상 이상으로 뜨거웠다. 하는 수 없이 찬물을 틀어두고 몸부터 씻었다. 다시 온도를 체크했지만 전신을 담그기에는 무리였다. 몸을 담그질 못하니, 할 일이 없었다.

문득 고개를 들어 커다란 창밖을 바라봤다. 초여름의 녹음이 한가득 창으로 쏟아지고 있었다. 조금 전의 소란이 무색하게 평화롭고 아름다운 풍경이었다. 조금 더 귀를 기울이니 새들이 지저귀는 소리도 들려왔다. 커다란 나무가 느릿느릿 바람을 타는 모습을 따라 얼굴에 평온함이 너울졌다. 그러다 아무 생각이 없어졌다. 창밖 풍경을 멍하니 바라볼 따름이었다. 그렇게 한참을 있으니 추워졌다. 다시 물에 손을 담가보았다.

찬물이 얼추 섞여 온도가 맞았다. 바가지 한가득 온천수를 담아 온몸에 끼얹었다. 그리고 나도 모르게 내뱉고 말았다. "아, 좋다!"

탕에 들어가 목 끝까지 몸을 담그고 창밖 풍경을 다시 보았다. 참 맑은 날이었다. 그저 나무가 있는 풍경일 뿐인데, 이렇게 온천과 잘 어울릴 수 있을까 싶을 만큼 아름다웠다.

부젠야 료칸의 내탕은 사방이 완전히 트인 노천 온천과는 또다른 매력이 있었다. 노천 온천의 개방감과 내탕의 아늑함 사이 절묘한 조화랄까. 온천에 낸 커다란 창은 마치 산중턱에 떠 있는 것 같은 착각마저 불러일으키게 했다. 벳푸 온천 명인도뿐만 아니라, 규슈 온천 명인도에도 등록

되어 있다더니. 그 명성의 이유를 실감할 수 있었다. 한참 몸을 담그다 더우면 몸을 말리고, 으슬으슬 추워진다 싶으면 다시 탕에 들어가기를 몇 차례 반복하며 홀로 시간을 보냈다.

'걱정은 수용성'이라는 말을 믿는다. 심각한 걱정거리도 온천에 잠기고 나면 사라지는 경험을 여러 번 했기 때문이다. 고작 몇 그램이라도 목욕 후 몸무게가 줄어든다는 건, 아마도 각질과 함께 걱정도 사르르 녹았기 때문 아닐까?

그동안 온천에서 참 많은 위로를 받았다. 오늘 이후로 부젠야 료칸도 그런 고마운 온천 중 하나가 되겠지. 온천에 잡념을 두고, 한결 가벼워진 몸과 마음으로 창밖에서 불어오는 바람을 맞았다. 물기가 마르는 동안 창밖을 지그시 바라보았다. 굽이굽이 산허리 너머에서 파도치는 바

람결을 따라 어딘가로 떠나고 싶어졌다. 그래, 떠나자. 그렇게 온천에서 한참을 보낸 뒤 겨우 엉덩이를 떼고, 아쉬운 마음은 남긴 채 발걸음을 옮겼다.

온천을 나오면서 다시 한번 돌아보았다. 역시 어떻게 봐도 평범한 온천이었다. 다만 왜 이 온천이 평범해야 했는지 알 것 같았다. 단순하고 커다란 창, 나뭇결이 돋보이는 정사각형 탕이 전부인 이유는 아마도 온천에 몸을 담그고 창밖 풍경에만 오롯이 집중할 수 있도록 하기 위함이리라.

평범함에도 이유는 있다. 때로는 평범함 덕분에 빛나는 것들을 발견할 수 있다는 걸 가르쳐준 부젠야 료칸. 기분 좋은 산들바람을 따라, 묘반의 골목을 거닐어보자. 발길이 멈춘 곳에 부젠야 료칸이 조용히 기다리고 있을 것이다.

강렬한 부드러움

료칸 와카스기

주소 오이타현 벳푸시 묘반1구미(大分県 別府市 明礬1組)
영업시간 10:00~입장 마감 18:00, 부정기 휴무
찾아가기 지조유노마에(地蔵湯前) 버스정류장 하차 후 도보 1분
입욕요금 전세탕 1500엔, 혼자일 경우 30분에 500엔
시설정보 대야, 의자 있음
수질 유황천 | **영업형태** 숙박시설

"슈퍼 스트롱 온천이야, 거기!"

지나가며 들은 그 한마디를 기억하고 있었다. 지난 봄, 두번째로 떠났던 온천 마라톤 여행에서 만났던 누군가가 한 말이었다. 온천 좋아하는 사람들끼리는 모이면 당연히 온천 얘기를 하기 마련. 마침 료칸 와카스기旅館若杉에 대한 이야기가 나온 참이었다. 얼핏 귀동냥으로 들은 얘기지만 온천 마라톤에 참가하는 마니아가 한 말이니, 이 입소문만은 믿을 수 있다고 생각했다. 게다가 '슈퍼 스트롱'이라니. 그 강렬한 단어가 나를 지금 여기, 료칸 와카스기로 이끈 것이다.

료칸 와카스기는 대로변에 인접해 있어 꽤 찾기 쉬웠다. 오카모토야 매점에서 건널목을 건너기만 하면 닿았다. 그런데도 내가 방문한 시각, 료칸 주변은 무척 한산했다. 커다란 대문을 열고 들어가자 지루한 표정으로 프런트에 앉아 있던 주인장이 반갑게 인사를 건넸다.

"어서 오세요, 오늘 좀 덥죠? 탕에 들어가기엔 더울 것 같긴 한데 그래도 잘 오셨어요. 지금 아무도 없거든요."

주인장은 제법 긴 멘트와 함께 요금과 온천 규칙 등을 설명했다. 그러더니 신발을 신고 바깥으로 나가는 게 아닌가? 당황해서 우물쭈물하고 있자 온천은 별채에 있다고 하며, 웬 민가처럼 보이는 건물로 안내했다.

어떻게 봐도 평범한 집처럼 보이는데 별채 온천이라니! 놀라움도 잠시, 복도 끝에서부터 유황냄새가 코를 찔렀다. 이렇게 강렬한 냄새는 처음이었다. 기대감에 부풀었다. 옷을 벗어 던져두고 곧바로 욕실 문을 열었다. 그리고 이제껏 본 적 없는 풍경을 마주했다.

암석과 나무로 마감된 욕실은 거칠고 어두워 마치 동굴 같았다. 다섯 계단 정도 아래에는 온천수가 흘러넘치는 나무로 만든 탕이 있었다. 여기까지만 말하면 평범한 온천 같지만, '슈퍼 스트롱' 온천의 뜻을 단박에 납득할 수 있는 압도적인 디테일이 곳곳에 빼곡했다. 암석 표면은 얼룩덜룩 유황 꽃이 피어 있었고, 물길을 따라 온천 결정이 잔뜩 쌓여 석순처럼 솟아 있었기 때문이다. 탕 가장자리는 마치 눈이 쌓인 것처럼 새하얗게 물들어 있었다. 보기만 했는데도 온천의 힘이 느껴졌다. 심지어 창문 아래에는 이런 안내문도 있었다.

'유황 성분의 온천입니다. 액세서리가 변색되오니 주의해주세요.'

몸에 걸친 액세서리가 없는지 다시 한번 꼼꼼하게 확인했다. 혼자 왔을 때 입욕 시간은 30분으로 제한되어 있는데 이미 온천 구경으로 꽤 많

과연 '슈퍼 스트롱' 온천이다. 암석 표면은 얼룩덜룩 유황 꽃이 피어 있고, 물길을 따라 온천 결정이 잔뜩 쌓여 있는데, 특히 탕 가장자리는 마치 눈이 쌓인 것처럼 새하얗다.

은 시간을 허비했다는 걸 깨닫고는 그제야 탕에 들어갔다. 희끄무레한 유노하나가 듬뿍 담긴 원천이 탕 안으로 계속해서 쏟아지고 있었다. 살짝 손을 담가보니 생각보다 뜨겁지 않았다. 충분히 들어갈 수 있겠다 싶어 얼른 몸을 씻고 몸을 담갔다. 허리를 곧게 펴고 탕 바닥에 앉으면 턱밑에서 온천수가 찰랑거리고 코끝에는 진한 온천 내음이 감돌았다.

온몸을 부드럽게 감싸는 따뜻한 물에 안기는 아늑한 감각. 반질반질 윤이 나도록 온천 결정이 쌓인 탕 가장자리에 머리를 대고 큰 대자로 몸을 가볍게 띄웠다. 물에 녹아 사라질 것만 같은 물아일체의 순간, 온천은 넓은 포용력으로 나를 가만히 받아주었다. 슈퍼 스트롱 온천에게 이렇게 부드러운 면이 있을 줄 누가 알았을까. 짐작도 못했던 반전 매력에 반해 버렸다.

순식간에 떠날 시간이 되었다. 아쉬운 마음이었지만, 규칙은 규칙. 서둘러 옷을 꿰입고 바깥으로 나왔다. 후텁지근한 여름바람이 온몸을 훑어도 기분이 좋았다. 아니, 묘하게 시원한 느낌마저 들었다. 바람이 흩어놓은 머리칼에서 온천 내음이 났다.

마지막으로 친절한 주인장에게 인사를 건네러 다시 카운터로 돌아갔다. 발갛게 달아오른 얼굴을 보았는지, 더워서 힘들지 않았느냐고 물어왔다. 마음의 소리가 솔직하게 튀어나왔다. "더웠지만 그래도 좋았어요." 뜨거운 국물을 들이켜고 시원하다고 하는 우리식 표현과 비슷하니, 이 모순을 어떻게 설명해야 할까? 뭐, 주인장에게는 더 설명할 필요도 없었나보다. 웃으면서 내 말에 고개를 끄덕거렸으니.

강하지만 부드럽고, 뜨겁지만 상쾌한 양면의 매력을 지닌 온천 와카스기. 말로는 도저히 설명할 수 없는 이 느낌을 여러분도 언젠가 느껴보길 바란다.

Stay

묘반에서 머무르기

묘반 온천은 유노하나 생산지로 유명한 곳이다. 간나와 온천과 그다지 멀지 않은 곳임에도 불구하고 외곽에 있어 여행자들의 발길이 뜸해 인적조차 드물다. 비밀을 간직한 사람처럼 선뜻 다가가기에는 어렵지만 숨겨진 매력이 가득하다. 현지인처럼 느긋하게 온천을 즐기고 싶다면 머물러보자.

전통의 모던한 변신, 료칸 야마다야

료칸 야마다야山田屋는 창업 150년 이상의 역사를 지녔지만 묘반 온천의 그 어느 곳보다 스타일리시하다. 새로 문을 연 곳이라고 해도 믿을 만큼 과거와 현대의 조화가 멋진 공간이다.

고급스러운 분위기의 료칸으로 널리 알려져 있지만, 야마다야는 오래전부터 희귀한 온천으로 더 유명했다. 야마다야의 온천은 벳푸시에서 최초로 허가받은 제1호 온천으로, 온천 마니아에게는 역사적인 곳이다. 이곳의 온천은 녹색빛을 띠는 '녹반천'인

데 강산성이라 살균력이 뛰어나고 아토피나 피부 질환에 탁월한 효과를 보인다. 입욕해보니 각질 제거를 받는 것처럼 실시간으로 피부가 매끈매끈해지는 게 느껴질 정도였다. 세련된 공간에서 은은하게 흐르는 클래식 음악을 들으며 뛰어난 수질의 온천을 즐기는 시간은 특별했다.

주인장의 뛰어난 요리 솜씨도 인기에 한몫한다. 모던 료칸답게 개성 넘치는 퓨전 요리를 선보인다. 조식은 연어구이와 된장국, 밥 그리고 장아찌 몇 가지 상차림으로 일견 평범해 보이지만 그 맛은 예사롭지 않다.

주소 오이타현 벳푸시 묘반3구미(大分県 別府市 明礬3組) | **체크인/체크아웃** 15:00~/10:00 | **요금** 1인 1박 9720엔~(평일, 조식 포함 기준) | **형태** 전통 료칸(민박 또는 식사제공 선택 가능) | **전화번호** 0977-66-0332 | **홈페이지** www.yamadaya-net.com

온천 마니아 사이 인기 만점, 유모토야 료칸

료칸 숙박을 결정하는 우선순위는 저마다 다르겠지만, 온천을 우선순위로 둔다면 유모토야 료칸湯元屋旅館을 주저없이 추천한다. 합리적인 가격으로 한 숙소에서 두 종류의 수질을 경험할 수 있는 데다 1인 숙박도 가능하다.

유모토야 료칸은 객실 세 개의 작은 료칸으로, 소박한 분위기를 좋아하는 실속파에게 추천한다. 주인 내외가 꾸려가는 가정집 같은 이곳의 객실은 오랜 세월이 느껴지지만 청결하다. 료칸의 '꽃'이라 할 수 있는 코스 요리가 제공되지는 않지만 1인 1박에 조석식을 포함해 1만엔 이하로 머무를 수 있고, 푸짐한 요리와 뛰어난 온천을 즐길 수 있다는 점이 매력적이다.

이곳은 벳푸에서도 보기 드문 강산성 알루미늄 유산염천과 유황천, 두 온천을 24시간 내내 즐길 수 있다. 료칸에서 두 개의 온천을 즐기다니, 온천 마니아에게 이보다 더

좋은 조건이 있을까. 전망 없는 내탕임에도 뛰어난 수질만으로도 충분히 만족스럽다. 벳푸 온천 명인도에도 등록되어 있어 당일치기 입욕도 가능하지만, 숙박 손님이 있으면 입욕이 불가한 경우도 있기에 숙박을 추천한다.

1882년에 창업해 100여 년이 넘는 시간 동안 꾸준한 인기를 이어온 지켜온 료칸의 저력을 느낄 수 있는 유모토야 료칸. 온천을 좋아하고 소박한 식사와 휴식을 좋아하는 사람이라면 더욱더 추천하고 싶다.

주소 오이타현 벳푸시 묘반3구미(大分県 別府市 明礬3組) | **체크인/체크아웃** 15:00~/10:00 | **요금** 1인 1박 9500엔 (평일, 2식 포함 기준) | **형태** 전통 료칸(민박 또는 식사제공 선택 가능) | **전화번호** 0977-66-0322 | **홈페이지** www.yumotoyaryokan.jp

Eat

묘반에서 먹기

묘반 먹거리의 대표주자, 오카모토야 매점

묘반을 방문하는 사람들이라면 누구나 한 번쯤 방문하는 오카모토야 매점岡本屋売店. 일명 '지옥 찜 푸딩'으로 널리 알려진 이곳은 식사, 음료, 간식까지 다양한 먹거리를 판매한다. 나는 이곳에서 '온천달걀 카레우동'과 '지옥 찜 푸딩' 두 가지를 맛보았는데, 부드러운 온천달걀과 쫄깃한 면발이 환상적 조화를 이룬 우동, 쌉싸름한 캐러멜 소스가 어우러진 달콤한 푸딩은 오래도록 기억에 남을 맛을 선사해주었다. 참고로, '지옥 찜 달걀 샌드위치'는 인기가 많아 갈 때마다 매진사례. 묘반 대교의 멋진 풍경을 바라보며 식사할 수 있는 창가 자리를 추천한다.

주소 오이타현 벳푸시 묘반3구미(大分県 別府市 明礬3組) | **영업시간** 8:30~18:30, 연중무휴 | **대표메뉴** 온천달걀 카레우동(700엔), 지옥 찜 달걀 샌드위치(648엔), 지옥 찜 푸딩(324엔~) | **전화번호** 0977-66-6115 | **홈페이지** www.jigoku-prin.com

세번째 동네

골목마다 온천, 온천 천국
벳푸 別府

골목마다 온천이 들어선 벳푸의 중심, 벳푸 온천. 여느 온천 마을처럼 첩첩산중에 있는 게 아니라 도심 한가운데에서 온천을 즐길 수 있다. 시설은 소박하고 작지만 그 어느 곳보다 활력이 넘친다. 지역 주민들의 커뮤니티 공간이기도 한 공동 온천에서는 삶 깊숙이 녹아든 온천 문화를 체험할 수 있어 특별하다. 목욕 가방 달랑 들고, 집 앞 목욕탕으로 향하듯 가볍게 떠나보자.

알몸의 기념사진

가미야 온천

주소 오이타현 벳푸시 지요마치11-27(大分県 別府市 千代町11-27)
영업시간 13:00~23:00, 연중무휴
찾아가기 나게시온센마에(永石温泉前) 버스정류장에서 도보 2분
또는 벳푸역에서 도보 12분
입욕요금 100엔
시설정보 대야, 의자 있음
수질 탄산수소염천 | **영업형태** 공동 온천

드디어 벳푸 시내로 왔다. 변화한 풍경을 보니, 새로운 도시에 도착한 기분이었다. 분주히 오가는 버스와 기차, 관광객 가득한 상점. 아는 사람 하나 없는 낯선 도시였지만, 얼른 벳푸와 친해지고 싶었다.

제일 먼저 향한 곳은 역시 온천. 벳푸팔탕 중 가장 온천이 많은 동네에 왔으니 당연히 가보고 싶은 곳도 많았다. 지도에 수많은 별을 찍어두고도 의심했다. 정말 골목골목마다 온천이 있을까? 얼른 두 눈으로 확인하고 싶었다. 걸음을 옮긴 지 얼마 지나지 않아 한 곳이 나타났다. 커다란 온천 마크와 가미야 온천紙屋温泉이라고 적힌 간판을 발견하자, 가슴이 두근거렸다.

카운터에 100엔을 내고 입욕권을 받았다. 탕에는 할머니 한 분이 느릿느릿하게 몸을 씻고 계셨다. 조심스레 온도를 체크했는데 물이 무척 뜨거웠다. 찬물을 틀고 싶었지만, 탕 안에서 눈을 지그시 감고 계신 할머니를 보니 차마 입이 떨어지질 않았다. 그래서 견뎌보기로 했다. 장차 온천 명인이 될 사람인데 이 정도쯤은 버텨야 하지 않겠는가? 속으론 온갖 호들갑을 떨었지만, 겉으론 평온한 표정을 지으며 입수했다. 하나, 둘, 셋, 넷……. 숫자를 셈하며 참다보니 견딜 만했다. 어느새 온몸에 전기가 흐르는 듯한 느낌을 즐기고 있었다. 변태 같지만 뿌듯했다.

이윽고 할머니가 목욕을 마치고 탈의실로 나갔다. 문득 '온천을 사진으로 남기고 싶은데, 할머니에게 양해를 구해볼까?'라는 생각이 들었다. 잠시 고민한 뒤, 할머니께 다가가 말을 걸었다.

"저, 죄송합니다만 온천 사진을 찍어도 될까요?"

할머니는 흔쾌히 "괜찮아요"라고 답하더니, 무어라 말하기 시작했다. 귀를 쫑긋 세우고 천천히 단어 하나하나의 뜻을 되새겼다. 그건 상상도 못 한 말이었다. "내가 사진 모델을 해줄까?" 전혀 생각지도 못했던 그 말에 놀라서 "아니요, 괜찮아요!"라고 급히 대답했다. 그러자 돌아온 말은 더 흥미로웠다. "그럼, 네 사진을 찍어줄까?" 당황한 나는 손사래를 치며 이상한 일본어로 대답했다.

"이마 누드데스(지금 누드입니다)."

그랬더니 할머니가 해결책을 제시해주는 게 아닌가! 탕에 들어간 뒤, 벽에 바짝 붙으면 보이지 않을 거라고 했다. 원래 의도한 바는 아니었으나, 이쯤 되니 이렇게까지 적극적인 할머니의 권유를 거절하고 싶지 않았다. 게다가 온천에서 알몸으로 기념사진이라니. 두 번 다시 오지 않을 기회라는 생각에 냉큼 탕으로 입수했다.

할머니는 떨리는 손으로 사진을 찍은 뒤, 잘 찍혔는지 조심스레 물어왔다. 수평도 기울고 초점도 흐렸지만, 결과물에 할머니와의 에피소드가 고스란히 담겨 있어 좋았다. 즐거운 경험을 할 수 있었던 것으로도 충분하다고 생각했으니까. 그래서 활짝 웃으며 "최고예요"라고 답했다. 할머니와 나는 마음의 문이 열려 자연스럽게 대화를 나누게 되었다.

벳푸에 여행 왔느냐고 묻기에, 꼭 써먹으려고 외워온 문장을 읊었다. "저는 온천 명인에 도전하고 있습니다." 할머니가 눈을 크게 뜨고 놀라워했다. 할머니는 어떤 온천에 다녀왔는지, 어떤 온천이 좋았는지, 어디서 머무르는지 등 계속해서 질문했고 신이 난 나는 서툰 일본어로 한참 수다를 늘어놓았다. 할머니는 내 이야기에 반가움을 표하며 좋아하는 한국 드라마며 음식에 관해 이야기해주었다.

대화가 끝날 무렵, 고마운 일이 생기면 보답하려고 준비한 비장의 무기, 유자차 포션을 선물로 드렸다. 그랬더니 할머니가 갑자기 가방을 뒤지더니 물이 가득 담긴 페트병을 건네주시는 게 아닌가. 무슨 영문인지 몰라 어리둥절한 내게 "이거 여기의 온천수야. 위장이랑 피부에 좋아. 냉장고에 뒀다 마시면 더 좋고"라고 하며 내 손에 병을 쥐여주었다. 생각지도 못한 답례에 깊이 감동했다. 먼저 온천을 떠나는 할머니에게 인사를 건넸다. "감사했습니다. 살펴 가세요."

나는 한참을 탈의실에 앉아 오늘의 만남이 가져다준 여운을 즐겼다.

"그럼, 네 사진을 찍어줄까?"
당황한 나는 손사래를 치며 이상한 일본어로 대답했다.
"이마 누드데스(지금 누드입니다)."

온천의 문을 하나하나 열 때마다 이상한 나라의 앨리스가 된 것 같았다. 알몸의 기념사진도, 갑자기 손에 쥐어진 온천수도.

문득 근거 없는 확신이 생겼다. 지금 내가 여기에 와 있는 건, 벳푸가 나를 불렀기 때문이라고. 온천들이 손짓하며 어서 오라 부르는 소리가 들리는 것 같았다. 앞으로의 온천은 또 얼마나 더 재미있을까? 정처 없이 부푸는 마음을 안고 다음 온천을 향해 발걸음을 옮겼다.

사랑은
열린 문
—
가이몬지 온천

주소 오이타현 벳푸시 기타하마2초메3-2
(大分県 別府市 北浜2丁目3-2)
영업시간 6:30~22:30, 연중무휴(연말 대청소 시 부정기 휴무)
찾아가기 벳푸역에서 도보 5분
입욕요금 100엔
시설정보 샤워기, 대야, 의자, 드라이어(유료), 코인로커 있음
수질 탄산수소염천 | **영업형태** 시영 온천

인간은 적응의 동물이라고 했던가. 어느새 어지간히 낡은 온천이 아니면 놀라지 않았고 바가지 하나만으로 머리부터 발끝까지 능숙하게 씻을 수 있게 되었다. 불편함도 익숙해지니 아무렇지 않았다. 그런 자신을 발견할 때마다 온천 명인에 가까워지고 있는 것 같아 괜스레 뿌듯하기까지 했다.

하지만 생각해보자. 만일 내가 이러한 환경에 익숙해질 수 없는 신체조건을 가졌다면 어땠을까? 계단을 내려가야만 입욕할 수 있는 온천이 있다고 하자. 다리가 불편했다면 아무리 좋은 온천이라도 선뜻 갈 수 없었을 것이다. 팔이 불편했다면 샤워기 없는 온천에서 씻을 수 있었을까. 스스로 훈장처럼 여겼던 익숙함이 누군가에게는 불가능한 영역임을, 그래서 온천도 조금씩 변화하고 있다는 걸 가이몬지 온천海門寺温泉에서 배웠다.

공원 옆에 있어서 과거 '공원 온천'이라고도 불렸던 가이몬지 온천은 1936년에 문을 열었다. 현재 건물은 2010년에 리모델링한 것으로, 지금껏 다녀온 100엔 온천 중 가장 깔끔했다. 시에서 운영하는 시영 온천이라 요금이 저렴한 것 같았다.

입욕비를 내고 온천으로 들어가는데 문득 뭔가 다르다는 생각이 들었다. 쾌적하다고 해야 할까? 처음에는 단순히 시설이 새것이라서 그런가 했는데, 곰곰이 생각해보니 배리어 프리barrier free 건물이었다. 걸어온 길을 되짚어보니 바닥 단차가 전혀 없었고, 이동 동선을 따라 벽에 손잡이

도 설치되어 있었다. 온천 이용자 대부분이 고령임을 생각하면 꼭 필요한 시설인데도, 이런 경험은 처음이었다.

배려는 거기서 끝나지 않았다. 탕 안으로 들어갔더니 무려 온탕과 열탕으로 나누어져 있었다. 샤워기 자리는 물론이고, 장애인용 의자도 마련되어 있었다! 안팎으로 편리한 시설에 저렴한 요금까지, 평일 오전임에도 주민부터 외국인 관광객까지 북적거리는 이유가 분명해 보였다.

나는 간만에 긴장을 풀고 입욕했다. 찬물을 섞기 위해 눈치 보거나 수도꼭지 자리를 사수할 필요 없이, 몸에 맞는 온도를 찾아 입욕하니 새삼 편했다. 역시 내게는 온탕이 안성맞춤. 온천이 처음인 듯 연신 두리번거리던 외국인들도 모두 온탕으로 들어왔다. 온천 초보자들에게는 이보다 더 반가운 배려가 있을까 싶다.

목욕 후 과연 어떤 이유로 리모델링을 했을지 궁금해 찾아보았더니, 벳푸시 홈페이지의 가이몬지 온천 소개란에는 이렇게 쓰여 있었다.

'뜨거운 온천에 익숙하지 않은 관광객도 목욕하기 쉽고, 벳푸 온천의 매력을 친근하게 느낄 수 있는 시설입니다.'

과거의 공동 온천은 주민 전용 시설에 가까웠지만, 시대가 바뀌어 관광객이 늘어나자 변화를 꾀한 것이다. 아마 관광객뿐만 아니라 지역 주민들도 이런 변화를 무척 반겼으리라는 생각이 들었다. 소수자를 위한 배려는 곧 모두를 위한 배려이기도 하니까 말이다.

어느 때보다 쾌적하고 편안한 입욕을 마치고 카운터의 아주머니께 인사를 건넸더니, 어설픈 일본어 때문인지 기대하지 않았던 질문이 돌아왔다. "어디에서 왔어요?" 그 한마디에서 시작된 대화로, 아주머니에게 온천에 대한 흥미진진한 이야기를 들을 수 있었다. 가이몬지 온천은 문신도 OK라는 것! 리모델링 후 적극적으로 외국인 관광객을 유치하기 위해 내린 결정이라고 한다. 일본은 문신에 대한 부정적인 인식이 강해 문신을 드러내고 입욕할 수 있는 곳이 많지 않다. 문신 허용 온천 리스트를 공유하는 웹사이트가 있을 정도다. 그에 비하면 가이몬지 온천은 여러모로 '열려 있다'는 생각이 들었다.

입욕을 마치고 휴게실에서 목욕의 여운을 즐겼다. 평화로운 창밖 풍경을 바라보자니, 여러 가지 이유로 온천을 좋아할 기회조차 주어지지 않

누구라도 온천을 즐길 수 있도록 문을 활짝 열어두는 일은 아마 사랑이 아닐까? 좋은 걸 나누고 싶은 마음, 그게 사랑일 테니.

았을 사람들이 떠올랐다. 불편함에 익숙해지는 걸 훈장으로 여겼던 스스로가 부끄러웠다.

그리고 생각했다. 누구라도 온천을 즐길 수 있도록 문을 활짝 열어두는 일은 아마 사랑이 아닐까? 좋은 걸 나누고 싶은 마음, 그게 사랑일 테니. 앞으로 더 많은 사람들이 온천을 만날 수 있기를 바라며, 가이몬지 온천을 떠났다.

바닷바람 곁에,

기타하마 온천 테르마스

주소 오이타현 벳푸시 교마치11-1(大分県 別府市 京町11-1)
영업시간 10:00~22:00(접수 마감 21:00)
정기휴일 매주 목요일(공휴일인 경우 다음날 휴무)
찾아가기 마토가하마코엔(的ヶ浜公園) 버스정류장에서 도보 2분 또는 벳푸역에서 도보 15분
입욕요금 510엔(수영복 대여 남자 150엔, 여자 200엔)
시설정보 샤워기, 대야, 의자, 드라이어(유료), 코인로커 있음
수질 단순 온천, 탄산수소염천 | **영업형태** 시영 온천

벳푸의 10월은 가을보다 여름에 가까웠다. 서늘한 바람에 옷깃을 여미고 따뜻한 온천에 몸을 녹이는 상상을 했건만 반소매가 더 어울리는 날씨라니. 기대와는 달랐지만, 그보다 더 좋았다. 흐르는 땀을 씻어낸 덕분에 온천 후 상쾌함은 두 배였고, 멀리서 불어오는 바닷바람이 그런 기분을 더욱 고조했다.

그렇다, 바닷바람. 벳푸는 온천에 바다까지 가진 멋진 도시다. 좋은 것과 좋은 것의 만남은 언제나 옳은 법. 그래서 벳푸의 동쪽에는 잔잔한 벳푸만의 풍경을 즐길 수 있는 온천이 많다. 벳푸에 도착한 지 6일째 아침, 쾌청한 하늘을 올려다보고 결심했다. 오늘은 바다를 보러 가자.

벳푸에서 바다를 볼 수 있는 온천은 꽤 많다. 해변과 벳푸타워 근처 골목골목에 자리잡은 료칸이나 호텔 온천 대부분은 바다 전망이다. 높은 곳에서 바다를 조망하며 즐기는 온천이 꽤 인기가 많기 때문이다.

하지만 나는 마토가하마 해변을 지나 기타하마 온천 테르마스北浜温泉テルマス로 향했다. 이곳은 벳푸에서 보기 드문 대형 온천시설로, 수영복을 입고 해변에 맞닿은 노천 온천을 즐길 수 있는 곳으로 유명하다. 입욕료는 510엔. 벳푸 온천 물가를 생각하면 비싼 것 같지만 침탕, 자쿠지, 사우나 등 다양한 종류의 내탕은 기본이고 수영장에 가까운 커다란 노천탕까지 즐길 수 있어 결코 비싸다고 할 수는 없다. 오히려 벳푸라서 가능한 가격이라 할 수 있다.

도착한 시간은 점심 시간 즈음. 프런트에서 요금을 내고 온천으로 들

어갔다. 노천으로 나가기 전 내탕에서 몸을 먼저 데우기로 했다. 부지런히 탕을 옮겨 다니며 몸을 담그니 온몸에 더운 기운이 퍼지고 땀이 났다. 이만하면 됐다 싶어 수영복을 입고 드디어 밖으로 나갔다.

대형 노천탕은 수십 명은 족히 들어가고도 남을 만큼 거대한 크기였다. 수심은 일반 온천이라기엔 꽤 깊은 1.1미터로 수영장과 비슷한 셈이었지만 수영은 금지되어 있다. 소란을 피우지 않고 조용히 입욕한다는 온천 문화 때문인 것 같았다.

천천히 물속을 걸어 바다 가까이로 다가갔다. 탕에는 아무도 없었다. 해변에도 인적이 없었다. 드넓은 바다와 온천을 차지한 기분에 마음이 더없이 느긋해졌다. 난간에 기대어 하염없이 바다를 바라보았다. 저 멀리 다카사키산과 벳푸타워가 한눈에 들어오는 풍경이 인상적이었다. 야자나무와 따뜻한 바람, 느긋한 온천 수영장 때문에 마치 멀리 어느 휴양지에 온 것 같은 착각에 빠지다가도 시선 끝에는 항상 벳푸타워가 있어 이곳이 벳푸임을 잊지 않을 수 있었다.

보글보글 기분 좋은 거품이 솟아오르는 원형 탕도 있었다. 원형 탕은 일반 온천처럼 앉아서 즐길 수 있도록 상대적으로 깊이가 얕았다. 앉아서 발끝만 슬쩍 들어올리니 기분 좋은 바닷바람이 발가락을 살랑살랑 간지럽히고 달아났다. 바닷소리와 물소리, 바람소리만이 귓가를 스쳤다.

문득 온천을 좋아하게 되는 데 결정적인 영향을 줬던 첫 입욕 경험이 떠올랐다. 그때도 자연과 함께였다. 숲속에 둘러싸여 바람결에 흔들리는 나뭇잎 소리에 가만히 귀 기울이며, 물속에서 자연 풍경을 감상하며 황홀해했던 시간. 자연스레 마음속에 고요가 찾아왔고 온천과 사랑에 빠졌다. 소중한 건 지금이라는, 자주 잊게 되는 그 사실을 언제나 다시금

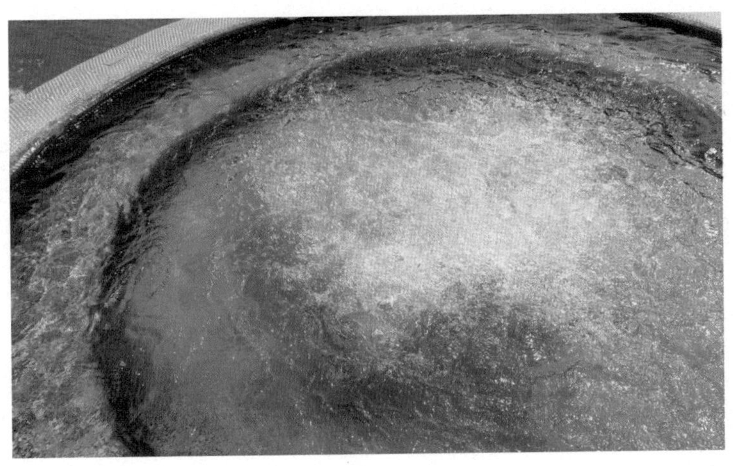

오랜만에 보는 탁 트인 바다에 마음이 두둥실 떠오르는 것 같았다. 불어오는 바닷바람에 머리끝 물기가 말라갈 즈음, 온천과 사랑에 빠졌던 첫 순간이 떠올랐다.

일깨우는 온천에서 이번에도 나는 여지없이 그 행복감에 굴복할 수밖에 없었다.

온천을 나와 해변을 거닐었다. 여름이 지나버린 해변과 공원은 산책하는 사람 몇 명이 있을 뿐 텅 비어 있었다. 철썩이는 파도를 바라보며 해변 끝까지 걸음을 옮겼다. 오랜만에 보는 탁 트인 바다에 마음이 두둥실 떠오르는 것 같았다. 불어오는 바닷바람에 머리끝 물기가 말라갈 즈음, 산책이 끝났다. 내게 온천과 사랑에 빠졌던 첫 순간을 떠올리게 해준 기타하마 온천 테르마스. 그곳에서 느꼈던 여운을 곱씹으며, 해변에서의 산책을 마쳤다.

종합선물세트,

다케가와라 온천

주소 오이타현 벳푸시 모토마치16-23(大分県 別府市 元町16-23)
영업시간 일반 목욕 6:30~22:30 /
스나유 8:00~22:30(접수 마감 21:30)
정기휴일 일반 목욕 12월 셋째주 수요일 /
스나유 매월 셋째주 수요일(공휴일인 경우 다음날 휴무)
찾아가기 나가레카와유메타운마에(流川ゆめタウン前)
버스정류장에서 도보 2분 또는 벳푸역에서 도보 10분
입욕요금 일반 목욕 100엔, 스나유 1030엔(유카타 기본 제공)
시설정보 샤워기 있음(스나유), 대야 있음, 드라이어(유료),
코인로커 있음
수질 염화물천, 탄산수소염천 | **영업형태** 시영 온천

"벳푸에서 단 하나의 온천에 간다면 어디에 가야 할까?"

누가 물어본 적은 없지만 준비된 답을 한다면, 역시 다케가와라 온천竹瓦温泉이 아닐까. 벳푸 온천을 대표하는 곳이니까 말이다. 명성은 익히 들었지만 실제로 방문한 때는 온천 명인에 도전한 지 한참 지났을 무렵이었다. 왠지 아껴두고 싶은 마음이었달까. 하지만 다케가와라 온천에 가보지 않고 명인이 될 수 없다는 생각에 서둘러 그곳으로 향했다.

첫인상부터 범상치 않았다. 활을 닮은 가라하후唐破風 박공이 눈에 띄는 고풍스러운 건물은 신사나 고급 료칸처럼 보였다. 관광객들은 연신 셔터를 누르며 기념사진을 남기고 있었다. 평소 기념사진을 잘 찍지 않는 나도 사진 한 장을 남기고는 안으로 들어섰다.

다케가와라 온천에서는 일반 온천과 모래찜질인 스나유砂湯 중 원하는 목욕을 골라 즐길 수 있다는 것이 특징이다. 일반 온천은 주민들이, 스나유는 관광객들이 많이 찾는다고 한다. 나는 모래찜질이 궁금해 스나유를 선택했다. 스나유는 입장 인원이 제한되어 있어 대기할 때도 있는데, 아니나 다를까 평일 오전임에도 30분 정도 기다려야 했다.

기다리는 동안 온천의 역사에 대해 알아보기로 했다. 과거 조업을 마친 어부들이 피로를 풀기 위해 작은 오두막을 짓고 온천을 즐기던 것이 이곳의 시초가 되었다고 한다. 이후 1910년대에 온천 관광업이 번성하면서 대표 관광지로 자리매김하게 되었는데, '다케가와라'라는 이름은 1879년 이곳이 처음 문을 열었을 당시 지붕에 대나무가 얹어져 있었던 데서 유래했다고 한다. 현재 건물은 1938년에 완공한 것으로 2004년에 일본

유형문화재로 등록되었다. 역사를 알아본 후 로비를 찬찬히 둘러보니 바닥부터 천장까지 빼곡하게 채워진 멋진 디테일이 더욱 선명하게 다가오는 듯했다.

얼마 뒤 스태프가 내 차례를 알렸다. 티켓, 목욕 도구와 유카타, 로커 이용 요금 100엔을 챙겨 입구로 갔다. 스태프에게 티켓을 내고 탈의실에서 찜질용 유카타로 갈아입었다. 마지막으로 로커에 짐을 보관하고 나면 모래찜질 공간으로 이동한다. 온천수로 데워진 모래밭에서 김이 모락모락 나고 있었다.

이제는 본격적으로 찜질을 할 차례. 목침을 베고 차렷 자세로 누웠다. 스태프가 다가와 깍듯하게 인사를 하더니 커다란 삽을 들고 모래를 섞었다. 그리고는 한 명씩 모래를 덮어주기 시작했다. 함께 찜질을 즐긴 아가씨들은 모래가 얹어질 때마다 감탄사를 연발하며 즐거워했는데, 그 모습에 나도 덩달아 기대감이 고조되었다. 마지막으로 내 차례가 되었다. 모

무거운 모래가 어느새 포근한 이불처럼 느껴졌다.
납덩이 같던 몸이 흐늘흐늘 녹아내린다.

래가 발끝부터 천천히 덮이기 시작했다. 물기가 스며든 모래는 꽤 무거웠다. 모래가 몸을 덮을 때마다 '억' 소리가 절로 나왔다. 특히 배와 가슴에 모래가 올라가니 압박감이 상당했다. 마지막으로, 목까지 모래가 얹어지면 모래 덮기 작업은 끝. 그대로 10분 정도 모래 속에 누워 있으면 된다.

묵직한 모래가 온몸을 덮고 있으니 불편했다. 누군가 강력접착제로 바닥에 몸을 붙여둔 것 같았다. '이래서 땅에 파묻히면 꼼짝없이 죽는 거구나' 하는 엉뚱한 생각도 들었다. 그러다 까무룩 잠이 들었다. 모래가 포근한 이불처럼 느껴졌다. 바깥은 흐리고 찬바람 부는 쌀쌀한 가을날. 내가 있는 곳은 따뜻한 모래 속. 몸이 흐물흐물 녹아내리는 것 같았다.

그렇게 10분이 지났을까, 스태프가 조심스럽게 잠을 깨웠다. 숙면을 취해서인지 10분이 아니라 한 시간은 족히 지난 것 같았다.

모래 속에서 빠져나오려면 요령이 필요했다. 손끝과 발끝을 모래 바깥으로 빼낸 뒤, 손과 다리를 이용해 몸 위의 모래를 떨어내고 조심스럽게

몸을 일으켰다. 비록 온몸이 흙투성이가 되었지만, 한결 가뿐했다.

마지막으로 온천수에 몸을 담그면 스나유 코스가 끝난다. 탕에 들어가기 위해서 구석구석 달라붙은 모래를 씻어내는 건 생각보다 쉬운 일이 아니었다. 기껏 데운 몸을 식히기 아까워 샤워기와 대야를 총동원해 최대한 빠르게 모래를 떨어냈다. 따뜻한 물에 들어가자 다시 몸이 이완되었다. 아, 다시 녹는다. 재잘거리던 아가씨들도 노곤한 표정으로 말이 없어졌다. 지금 기분이 어떤지, 말하지 않아도 알 수 있었다.

그들이 떠난 후에도 나는 홀로 남아 여운을 만끽했다. 한 번의 목욕이었지만 벳푸 사람들이 다케가와라를 대표로 꼽는 이유를 이해할 수 있었다. 자랑하고 싶은 멋진 건축물, 주민들의 사랑방인 일반 온천, 관광 코스로 손색이 없는 스나유까지. 벳푸 온천의 축소판이자 종합선물세트 같은 다케가와라 온천에서 벳푸 온천의 정수를 맛보기를 바란다.

축복의 물결,

텐만 온천

주소 오이타현 벳푸시 텐만초11-10(大分県 別府市 天満町11-10)
영업시간 6:30~10:30, 14:00~22:30
정기휴일 매월 25일
찾아가기 사이와이도리(幸通り) 버스정류장에서 도보 3분
또는 벳푸역에서 도보 14분
입욕요금 100엔
시설정보 샤워기, 대야 있음(카운터에서 무료 대여)
수질 염화물천 | **영업형태** 공동 온천

바다에서 산으로 이어지는 완만한 구릉에 자리잡은 텐만초는 걷기 좋은 동네였다. 집들이 옹기종기 줄지은 골목 어귀에 있는 텐만 온천天満温泉을 찾아나선 길은 어느 때보다 설렜다. 이미 그 모습을 우연히 인터넷에서 목격했기 때문이다. NHK 기행 프로그램 「평상복의 온천ふだん着の温泉」에 나온 텐만 온천은 평소 그려오던 정겨운 모습이었다. 첫 목욕을 즐기러 새벽부터 줄지어 모인 사람들이 탕 안에 둘러앉아 도란도란 이야기를 나누고, 2층 공민관에서 열리는 노래 교실, 함께 간식을 나눠 먹는 장면 등 프로그램 제목처럼 평상복을 입고 가는 생활감 가득한 온천이었다. 영상을 보는 동안 내 머릿속에는 한 가지 생각뿐이었다. '저기에 가야 한다!'

그런고로, 텐만 온천에 도착했을 때는 감격스러웠다. 영상에서 봤던 온천 입구의 거대한 시추 탑, 보색 대비가 돋보이는 멋스러운 간판도 그대로였다. 다른 게 있다면 온천 축제를 맞아 무료로 이용이 가능했다는 점인데, 그 때문인지 카운터를 지키는 사람이 없었다.

온천 안에는 아주머니와 할머니 몇 분이 몸을 씻고 있었다. 늘 그렇듯 간단한 인사를 건네고 탈의를 하며 이곳저곳을 관찰했다. 첫인상은 쾌적하고 깔끔했다. 얼마나 부지런히 관리를 해왔는지 한눈에 보아도 청결함이 느껴졌다. 반짝반짝 빛나는 분홍과 파랑 타일, 단단한 화강암으로 짜인 탕이 마음에 들었다. 거기다 평균과 비교하면 두 배 정도는 큼직한 타원형의 탕은 사람이 꽤 북적거려도 괜찮을 것 같았다.

특이하게도 탕에 따로 찬물을 공급하는 수도꼭지나 호스가 없었다.

어정쩡하게 자리에 앉아 얼마나 뜨거울지 걱정하며 몸에 물을 끼얹었는데, 어라, 생각보다 뜨겁지 않았다. 40도 초반으로 추정되는데, 벳푸 온천 치고는 그렇게 뜨겁지 않은 편이다. 안심한 듯한 표정을 짓자, 할머니 한 분이 슬쩍 미소를 지으며 넌지시 말을 건네왔다.

"뜨겁지 않지? 여긴 항상 온도가 똑같아."

그 말을 듣자 생각났다. 1964년에 주민들이 합심해 온천을 만들기로 하고 과감히 온천 시추에 도전해 99도의 온천을 개발했다는, 그래서 '텐만 지옥'이라는 별명이 붙었다는 역사가 말이다. 그런데 어째서 온도가 알맞은가 하면, 온도를 맞추기 위해 처음부터 물을 섞어 공급하기 때문이라고 한다. 온천수가 희석되는 건 아쉽지만 주민들에게는 씻을 수 있

는 적당한 온도가 더 중요했을 것이다. 오히려 물이 부드럽고 연해서 매일의 피로를 풀기에는 제격이라는 생각이 들었다. 주택가 한가운데서 온천이 솟다니, 집집마다 변변찮은 욕실이 없었을 그 시절, 이곳에 터를 잡고 살던 주민들에게는 얼마나 중요한 공간이었을까. 요즘에도 하루 300명이 넘는 주민들이 방문한다고 하니 텐만초 사람들 모두의 욕실이나 다름없겠지. 물에 잠겨 이런저런 생각을 하다 주변을 둘러보니 아무도 없었다. 벽시계를 보니 브레이크 타임이 시작되는 열시 삼십분이 가까워져 오고 있었다. 아쉽지만 입욕을 마무리했다.

청소 시간에 방해가 되지 않도록 얼른 빠져나와 벤치에서 짐을 정리하고 있으려니 시끌시끌한 소리가 들려왔다. 웬 아저씨가 온천 입구에서 감탄을 연발하며 사진을 찍고 있는 게 아닌가. 뭐지? 궁금함에 가까이

다가갔다. 그리고 나도 모르게 소리를 질렀다. "우와!"

할아버지가 양동이 가득 펄펄 끓는 온천수를 담아 싱싱한 시금치를 데치고 있었다. 즉석 요리쇼나 다름없는 광경. 어디에서도 본 적 없는 모습이라 눈이 휘둥그레졌다. 황급히 촬영 허가를 구하고, 그 신기한 광경을 사진으로 담아냈다. 온천 바로 앞이 집이라는 할아버지는 손수레에 시금치며 머위 줄기를 잔뜩 실어와 온천수에다 데치는 중이었다. 할아버지는 '오늘 점심 메뉴'라고 말한 뒤 웃어 보였다. 그리고는 카트에 양동이를 척척 실어 유유히 사라졌다.

온천은 시간이 정해져 있지만 입구의 온천 수도만큼은 24시간 열려 있어 언제든 필요할 때 무료 생활용수로 쓸 수 있다고 한다. 몸을 담그는 것뿐만 아니라 먹고, 입고, 생활하는 모든 것에 쓰이는 넉넉한 온천수라니, 텐만초에 살고 싶다는 생각이 들 정도로 부러웠다.

빗물이 온천이 되기까지 걸리는 시간은 약 50년 정도라고 한다. 그러니 오늘의 온천은 54년 전, 온천이 솟았던 그 무렵의 빗방울일지도 모른다. 오늘의 비가 다시 50년 뒤의 온천이 되는 그 날까지도 골목을 지키며 사람들의 삶의 터전이 되어주길, 그리하여 언제나처럼 넉넉한 물의 축복을 누리는 동네로 남아주길 바란다.

한 폭의 그림처럼, — 스에히로 온천

末広温泉

주소 오이타현 벳푸시 스에히로초4-20(大分県 別府市 末広町4-20)
영업시간 7:00~21:00
찾아가기 스에히로6초메 버스정류장에서 도보 1분
또는 벳푸역에서 도보 10분
정기휴일 매월 15일과 오봉(8월 15일을 전후로 한 연휴)
입욕요금 200엔
시설정보 의자, 대야 있음, 비품 일체 무인 판매, 드라이어(유료)
수질 단순 온천 | **영업형태** 공동 온천(무인)

벳푸의 남쪽 동네, 스에히로초末広町에 도착한 시간은 평일 아침 아홉시였다. 이방인이 어슬렁거리기엔 조용한 골목. 보통의 관광객이라면 방문할 일이 없는 평범한 동네로 향한 데는 그만한 이유가 있었다. 유명한 온천 마을인 유후인由布院에 가지 않고도 유후다케由布岳(유후인에서 가장 높은 산봉우리)를 볼 수 있는 온천이 있다고 해서였다. 이런 온천은 또 처음이었다. 그곳에 가지 않고도 그곳을 볼 수 있다니, 이건 무슨 얘기일까? 백문이 불여일견. 그 풍경을 보기 위해 씩씩하게 목욕 가방을 챙겨 들고 길을 나섰다.

누군가에게 아침 인사라도 건넬 요량으로 왔지만 아쉽게도 스에히로 온천末広温泉은 무인 온천이었다. 과거에는 근처 담배가게에서 요금을 내고 열쇠를 받았다고 하는데, 담배가게가 폐업하면서 자연스럽게 무인으로 운영하고 있다. 그래서 입장 방법도 간단하다. 요금통에 요금을 넣고 벽에 달린 열쇠로 문을 열고 들어간 뒤, 문을 잠그기만 하면 끝. 마음만 먹으면 문을 딸 수 있는 시스템이라 열쇠가 못 미더웠지만, 어차피 들어가야 하니 걱정은 접어두기로 했다.

마침 온천 안에는 아무도 없었다. 눈치 보지 않고 마음껏 온천을 구경할 수 있는 기회라 구석구석 둘러보았다. 보면 볼수록 지금껏 갔던 온천과는 달랐다. 온천 캐릭터, 패치워크로 만들어진 포렴, 분홍색으로 맞춘 소품들, 벽에 걸린 전용 수건까지 뭔가 특별했다. 누군가의 애정 어린 손길이 느껴져 본격적으로 온천 내부를 보기도 전에 기분이 좋아졌다.

그리고 드디어 온천. 미닫이문을 열고 들어가자, 작고 단정한 탕 하나와 사방을 두른 산 풍경이 가득 펼쳐졌다. 온통 분홍빛으로 물든 산은 마치 벚꽃이 만개한 풍경 같았다. 커다란 산이 우뚝 솟아 있고, 사방으로는 작은 산맥과 꽃잎들이 흩날리는 멋진 그림이 그려져 있었다. 다소 어두운 내부가 그림 덕분에 환하게 느껴졌는데, 이 그림이 바로 유후인에 가지 않고도 볼 수 있다는 유후다케의 실체였다.

진짜 산도 아니고, 사진도 아니고, 그림이라고? 실망하신 분들도 있겠다. 하지만 나는 재미있었다. 산이 보이지 않는다면 산을 그려서라도 보겠다는 의지가 아닌가. 그간 일본 목욕탕 문화 중 가장 인상 깊었던 것도

타일 벽화였다. 후지산은 물론이고 알프스까지 멋들어지게 그려놓고 그림을 바라보며 마음의 때를 씻어내는 사람들. 언제 어디서든 산과 물을 즐기겠다는 그들의 진지한 태도가 귀엽게 느껴졌다.

스에히로 온천에 그려진 유후다케도 그런 의미로 온천에 또다른 생명력을 불어넣고 있었다. 커다란 산봉우리를 중심으로 사방에 펼쳐진 그림을 바라보며, 가본 적 없는 유후다케의 봄 풍경을 상상했다. 기분 좋은 착각에 빠지는 순간이었다.

목욕을 마치고 나오며 미닫이문에 작품과 작가에 대한 정보가 붙어 있는 것을 발견했다. 오히라 유카리大平由香理라는 작가가 산이 주는 압도적인 존재감과 강력한 에너지에 이끌려 산을 주제로 작품 활동을 이어가고 있다는 내용이었다. 스에히로 온천에 그림을 그리게 된 건, 2015년 벳푸에서 열린 현대예술 축제인 〈혼욕온천세계混浴温泉世界〉 중 '벳푸 프로젝트'에 참여하게 되면서라고 한다.

작가 노트에는 재미있는 코멘트가 있었는데 남탕과 여탕의 산을 반대로 그렸다는 것이었다. 남자 산인 유후다케를 여탕에, 여자 산인 쓰루미다케를 남탕에 그려서 '서로에게 기대며 함께 살아가는 남녀의 모습'을 기원하는 의미를 담았다고 한다. 목욕탕 벽화로 흔하게 그려지는 후지산 대신 지역 명산인 유후다케와 쓰루미다케를 그린 것도 인상적이었지만, 화합의 의미를 담아 온천에 새로운 생명을 불어넣었다는 부분도 멋있게 느껴졌다.

유후다케를 바라보는 호사스러운 목욕을 마치고 나와 어쩐지 돌아가기 아쉬워 이것저것 살펴보다 스에히로 온천을 아끼는 사람들의 흔적을 발견했다. 1945년에 시작해 70년이 넘는 시간 동안 한자리를 지켜올 수 있었던 것은 지역 주민들의 애정 때문일 터. 자체 캐릭터와 상품도 제작하고, 과감히 현대미술 프로젝트에 동참하는 등 끊임없는 변화를 꾀하는 모습에서 지역 커뮤

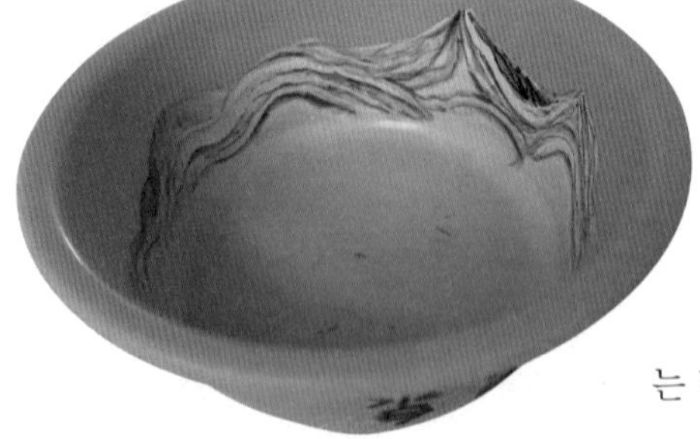

니티란 무엇인가에 대해 생각해볼 수 있었다.

단순한 목욕시설을 넘어 지역 주민들의 사랑방이자 공동체의 결속을 강화하며 자리를 지켜온 스에히로 온천. 누군가 벳푸의 남쪽 동네 스에히로초에 뭐가 있느냐고 물으면 이렇게 답하고 싶다. 한 폭의 그림 같은 온천이 있다고. 언제나 그 자리에서 따뜻한 물을 채우고 사람들을 기다리고 있다고 말이다.

비 오는 날의 행복

—

호텔 시라기쿠

주소 오이타현 벳푸시 가미타노유마치16-36
(大分県 別府市 上田の湯町16-36)
영업시간 14:00~22:00, 연중무휴
찾아가기 시라기쿠호텔마에(白菊ホテル前) 버스정류장에서 도보 1분 또는 벳푸역에서 도보 6분
입욕요금 성인 1000엔, 어린이 500엔
시설정보 샤워기, 대야, 의자, 드라이어 있음, 타월, 샴푸 등 비품 있음
수질 탄산수소염천 | **영업형태** 숙박시설

모처럼 떠난 여행에서 비를 만난다는 건, 여행자에게는 달갑지 않은 일이다. 무거운 짐에 우산까지 챙겨야 하는 것, 발끝이 젖어드는 것, 흐릿하고 칙칙하게 남겨질 사진 같은 것 들 때문이다. 나 또한 비가 참 싫었다. 비 오는 날 온천을 만나기 전까지는 말이다.

이른 아침 일어나 창밖을 내다보니 하늘 한가득 먹구름이 드리워져 있었다. 우산을 든 사람도 드문드문 보였다. 틀림없이 비가 올 날이다. 그렇다면 온천에 가야 한다. 날씨 따위 상관없이 매일 온천에 가면서 그게 무슨 소리인가 싶겠지만, 정확히 말하면 '비를 맞을 수 있는 온천'에 가야 한다는 결심을 이야기하는 거다.

호텔 시라기쿠ホテル白菊는 4성급의 고급 호텔로, 1950년에 개업한 이래 오늘날까지 성업 중이다. 보기 드물게 커다란 노천 대욕장이 유명한데, 시내 중심에 있다고 믿기지 않을 만큼 개방감이 좋아서 인기가 많다. 언젠가 온천 사진을 보면서 비가 오는 날이면 더 좋겠다고 생각했기에 자연스럽게 이곳이 떠올랐다. 요금은 1천엔으로 여타 당일치기 온천과 비교해 비싼 편이다. 하지만 나는 무료로 이용했다. 벳푸 관광 안내책자인 『비벳푸BE@BEPPU』에서 무료 쿠폰을 얻었기 때문! 당시에 오후 한시부터 세시 사이에 방문 시 무료 입장이라는 조건이 있어 시간을 맞추어 방문했다.

시라기쿠의 온천 대욕장은 두 개로, 매일 남탕과 여탕의 위치가 바뀌는 형태로 운영된다. 사진에서 봤던 커다란 대욕장인 구스유도노楠湯殿는 내가 방문한 날에 안타깝게도 남탕이었다. 아쉽긴 했지만 실망하지는 않았다. 온천에 몸을 담가보지도 않고 섣부른 불행을 느낄 필요는 없으니까. 대신 그보다 작은 대욕장인 기쿠유도노楠湯殿로 안내받았다.

호텔 온천답게 시설이 좋았다. 충실하게 갖춘 어메니티, 가득 쌓인 수건과 온천 후 마시는 차까지. 쓱 둘러보니 아무도 없는 것 같았다. 비 오는 평일, 그것도 점심 시간 직후라서 그런 걸까? 운이 좋다고 생각하며 기쁜 마음으로 온천으로 향했다.

기쿠유도노는 작은 만큼 아늑한 매력이 스며든 공간이었다. 구조가 독특했는데, 내탕과 노천탕이 하나로 연결되어 있었다. 탕의 경계는 커다란 유리문으로 절묘하게 구분되어 마치 여러 개의 탕을 경험하는 것 같았다.

동굴처럼 꾸며진 내탕에서부터 천천히 걸어가며 몸을 데운 뒤, 노천탕으로 향하는 문을 열었다. 아담하고 예쁜 노천이 모습을 드러냈다. 단풍이 들기 시작한 작은 나무와 은은한 불빛을 밝힌 단정한 석탑이 인상적이었다. 바라만 봐도 좋았지만 맨몸에 비를 맞으려니 으슬으슬해서 얼른 몸을 담갔다. 위는 차갑고 아래는 따뜻한 느낌에 탄식이 터졌다.

온천의 따뜻한 열기가 온몸으로 퍼져나가는 동안 차가운 빗방울이 계속해서 머리를 두드렸다. 빗방울은 머리끝에서 손끝으로, 이어 수면으로 고요하면서도 경쾌하게 번져나갔다. 그 불규칙한 리듬에 가만히 귀를 기울이면 마치 물방울이 와글와글 말을 걸어오는 것 같았다. 따뜻하면서도 상쾌하고, 고요하면서도 시끄럽고, 안락하면서도 자유로운 느낌. 경험하

온천의 따뜻한 열기가 온몸에 퍼져나가는 동안 차가운 빗방울이 계속해서 머리를 두드렸다. 빗방울은 머리끝에서 손끝으로, 이어 수면으로 고요하면서도 경쾌하게 번져나갔다.

지 않고서는 알 수 없고, 경험하고 나서는 잊을 수 없는 감각. 빗속의 온천은 사랑할 수밖에 없는 매력이 있다.

생각해본다. 때때로 불행은 행복의 재료가 된다고. 비바람이 부는 창밖을 보며 마시는 차 한잔이 보통날과는 비교할 수 없을 만큼 따뜻하게 느껴지는 것처럼, 불행은 거리에 따라 행복이 되기도 한다. 멀리서 비를 바라보며 안도할 수도 있고, 가까이 몸을 던져 내리는 비를 맞을 수도 있다. 전혀 몰랐던 행복을 발견할지도 모르니 어느 쪽이든 시도해볼 일이다. 이제는 비 오는 날을 은근히 기다리게 된다. 비 오는 날을 즐기는 방법을 알게 되었으니.

옅게 피어난 안개와 희뿌연 온천 수증기 속에서 더없이 상쾌한 기분으로 온천을 나왔다. 물 밖으로 나올 때까지도 비는 멎지 않았다. 온몸의 물기를 닦아내고 뽀송뽀송하게 마른 몸이 되자 흡족했다. 다시 빗속을 걸어야 하지만 그쯤이야. 수건이 있으니 언제든 다시 온천에 가면 된다. 따뜻한 차 한잔도 좋을 것 같고. 어쩌면 더 좋은 선택지가 있을지도 모른다. 불행이 찾아와도 언제든 행복을 찾을 수 있다는 믿음. 비 오는 날의 온천이 건네준 또하나의 작은 선물이다.

불빛과 달빛

호텔 호우센카쿠

芳泉館

주소 오이타현 벳푸시 기타하마3초메10-23(大分県 別府市 北浜3丁目10-23)
영업시간 13:00~21:00, 연중무휴
찾아가기 기타하마 또는 벳푸타워 버스정류장에서 도보 1분
또는 벳푸역에서 도보 13분
입욕요금 500엔
시설정보 샤워기, 대야, 의자 있음, 타월, 샴푸 등 비품 있음
수질 탄산수소염천, 염화물천 | **영업형태** 숙박시설

온천 축제라고 하면 물을 떠올리겠지만, 불의 이벤트도 있다. '오기야마 불 축제扇山火まつり'는 오히라산大平山 중턱에 부채꼴 모양으로 자리잡은 오기야마 목초지에 불을 놓아 온천 신들에게 봄이 왔음을 알리는 의식이다. 길을 걷다 본 축제 포스터 속, 짙은 어둠 아래 형형히 빛나는 불길로 뒤덮인 산 풍경이 꽤 멋져 보였다.

저녁 여섯시 이십분, 호텔 호우센카쿠ホテル芳泉鶴 온천에 막 들어가려던 참이었다. 문득 머릿속에 오기야마 불 축제가 스쳐 지나갔다. 보고 싶었지만 아무런 계획도 정보도 없었기에, 프런트의 직원에게 물었다. "오기야마 불 축제는 어디에서 볼 수 있을까요?" 뜻밖의 질문인지 직원은 당황해하며 몇몇 장소를 언급했다. 하지만 죄다 너무 멀었다. 그때 떠오른 건 바로 코앞의 벳푸타워. "혹시 벳푸타워에서도 보일까요?" 그랬더니 직원이 반색하며 거기도 좋다고 했다. 그리고 이렇게 말했다. "여섯시 반부터 시작인데, 불 축제부터 보실래요? 온천은 늦어도 여덟시까지만 오시면 돼요." 마음을 읽어준 직원에게 고맙다는 인사를 하고, 먼저 벳푸타워에 다녀오겠다며 호텔을 나섰다.

수많은 온천에 들락날락했지만 벳푸타워는 처음이었다. 이렇게 타워가 반가운 날이 올 줄이야. 전망대는 이미 불 축제를 보러온 사람들로 북적북적했다. 아직 시작하지 않아 먼저 벳푸 시내 전망을 감상했다. 늘 보던 기타하마 해변과 다카사키산도 선 자리가 다르니 달라 보였다. 보이지는 않아도 골목 사이에 있을 온천들을 상상하며 시내를 보는 재미는 '온

천 덕후'가 누릴 수 있는 덤이었다.

이윽고 웅성거리는 소리가 들리더니, 산 너머에서 불빛이 반짝거렸다. 드디어 불을 놓은 모양이었다. 불빛은 깜빡깜빡하며 능선을 따라 천천히 번져나갔다. 그런데 생각과는 딴판이었다. 포스터 속 광경을 볼 수 있을 줄 알았더니, 꼬박 30분이 지나도록 절반도 채 태우지 못하는 게 아닌가. 곧 지루해졌고, 목과 다리가 아파왔다. 잠깐 고민하다 결국 끝까지 보는 건 포기하고 호텔로 발길을 돌렸다.

실망감과 피로가 범벅이 되어 얼른 온천에서 쉬고 싶었다. 저녁 시간이라 그런지 온천에는 아무도 없었다. 대욕장의 첫인상은 평범했다. 후다닥 샤워를 마치고 탕에 들어갈 차례. 온도를 확인하려고 탕 안을 들여다본 순간. 이게 뭐지? 난생처음 보는 온천수 색에 나는 잠시 동작 그만 상태가 되었다. 연한 아메리카노를 꼭 닮은 빛깔이었다. 순간 번뜩 떠오르는 단어가 있었다. '몰 온천!'

몰 온천은 어두운 빛깔과 매끈한 촉감, 독특한 냄새로 온천 마니아들 사이에서 인기 있는 온천이다. 그런데 반전은, 정식 온천에 속하지 않는다. 온천을 분류할 때는 특정 성분 함유량을 두고 판단하는데 몰 온천에 대해서는 명확한 기준이 없다. 몰 온천은 주로 알칼리성의 단순 온천, 염화물천, 탄산수소염천인 경우가 많다. 물빛은 갈색이나 검은색을 띠며 매끈매끈한 질감이 독보적이다. 습지에서 썩지 못한 식물이 차곡차곡 쌓이

면 이탄층泥炭層이 되는데, 이 이탄층이 화산 활동 등 지각변동에 데워진 지하수와 만나면 몰 온천이 된다고 한다. 나중에 알았지만 기타하마 해변의 몇몇 온천에서 몰 온천이 옅게 솟는다고 한다.

난생처음 몰 온천을 경험한다는 기쁨에 축 처진 어깨가 높이 솟고 없던 기운이 절로 생겼다. 기름을 바른 듯 매끈매끈하면서도 피부에 찰싹 들러붙는 독특한 입욕감에 순식간에 반해버렸다. 그것만으로도 좋은데, 히노키 탕에 눈이 부신 달빛이 사뿐히 내려와 있었다. 대단한 풍경도 아닌데 마음 한구석을 간지럽혔다. 석탑과 나무, 그리고 보름달. 이 정원을 꾸민 사람은 달이 뜨는 자리를 알고 있었을까? 모를 일이지만, 누군가 오늘을 위해 이런 풍경을 만들었다고 믿기로 했다.

불타버린 땅에 풀이 자라나고, 그 풀이 제 몫의 생명을 다한 뒤 흙이 되고 온천이 된다니, 자연이란 얼마나 놀라운가. 오늘의 불 축제는 화려한 쇼가 아니라, 자연에게 올리는 진심 어린 감사 인사가 아니었을까. 문득 지금쯤 불빛이 어디쯤에 있을지 궁금해졌다.

밖으로 나와 오기야마가 있던 방향에 시선을 두고 길을 걸었다. 얼마 가지 않아 낮은 건물 사이로 활활 타오르는 불길을 마주할 수 있었다. 절정을 맞이한 불빛은 이내 밤하늘 속으로 자취를 감췄다. 불빛이 사라진 하늘에 달빛이 떠올랐다. 나는 그 빛을 좇아 계속해서 거리를 걸었다. 행복한 밤이었다.

Event

온천이 들썩들썩, 벳푸팔탕 온천축제

매년 '온천 감사의 날'인 4월 1일을 중심으로 주말을 포함해 3~5일간 개최되는 '벳푸팔탕 온천축제別府八湯 温泉まつり'는 1910년부터 이어져온 벳푸의 대표적인 축제다. 농한기인 11월에 열리는 단발성 이벤트로 시작해 1931년부터 지금의 축제 형태를 갖추게 되었다. 지금은 벳푸 시민은 물론이고 일본 전역의 온천 마니아들이 집결하는 행사로 자리매김했다.

주요 행사로는 오히라산에 불을 놓으며 풍년을 기원하는 오기야마 불 축제, 온천수 40톤을 뿌리며 물의 난장을 펼치는 온천물 뿌리기 축제湯ぶっかけまつり, 개성 넘치는 가마들이 장관을 이루는 가마 축제神輿の祭典가 있다. 그리고 5일간 42.195곳의 온천을 순례하는 후로 마라톤フロマラソン도 빼놓을 수 없는 이벤트다.

그밖에도 축제를 찾는 사람들에게 벳푸 향토 음식을 대접하는 유케무리 오셋타이湯けむりお接待와 각종 추첨, 공연 등이 축제 기간 내내 펼쳐져, 그야말로 온천으로 하나가 되는 도시를 만끽할 수 있는 좋은 기회다.

이 기간에 우연히 벳푸를 여행하게 된다면 그것만으로도 행운이겠지만, 만약 온천 명인에 관심 있다면 축제와의 인연을 우연보다는 필연으로 만드는 편이 좋다. 무려 100여 곳이 넘는 온천이 무료로 개방되기 때문이다. 매년 연말에 시영 온천 몇 군데가

무료로 개방되기는 하지만, 그에 비할 바가 아니다. 시영 온천, 공동 온천, 호텔과 료칸을 비롯해 평소 조합원 전용으로 운영되는 조합원 온천도 일부 개방된다. 실속파라면 축제 기간을 절대 놓치지 말자.

그리고 후로 마라톤! 단기간에 온천 명인으로 도약할 절호의 기회다. 축제 기간 동안 21~88곳 온천에 들어가며 도장을 모으면 온천 명인이 되는 건 순식간. 88곳 온천을 돌고 온천 명인이 되는 초단기 속성 코스를 밟을 수도 있다. 또한 후로 마라톤에는 온천을 좋아하는 전국 각지의 마니아들이 모여 교류의 장이 펼쳐진다. 취미를 공유하지 못해 외로웠다면 후로 마라톤에 참여해 온천 친구를 사귀어보자.

마지막으로 추천하고 싶은 이벤트는 온천물 뿌리기 축제. 흥겨운 음악과 개성 넘치는 가마 행렬 사이로 쏟아지는 벳푸팔탕의 온천수로 몸을 흠뻑 적셔보자. 온천수를 맞으며 남녀노소 즐기는 모습은 상당히 인상적이다.

온천 도시의 면모를 제대로 만날 수 있는 축제인 벳푸팔탕 온천축제. 벳푸가 궁금하고, 온천이 궁금하다면 한 번쯤 꼭 방문해보기를 바란다.

어른도 아이도 좋아해

—

고토부키 온천

주소 오이타현 벳푸시 구스노키마치11-15(大分県 別府市 楠町11-15)
영업시간 8:00~22:00 | **정기휴일** 매월 10일, 25일
찾아가기 나가레카와2초메(流川2丁目) 버스정류장에서 도보 1분
또는 벳푸역에서 도보 10분
입욕요금 200엔
시설정보 대야, 의자 있음
수질 탄산수소염천 | **영업형태** 공동 온천

'아침 먹고 땡, 점심 먹고 땡, 저녁 먹고 땡.' 이 노래 가사처럼 밥 먹듯 온천에 갔다. 하루에 기본으로 세 번 정도 입욕했고 내키면 네 번이나 다섯 번까지도 갔다. 물론 '온천 명인 달성'이라는 목표도 있었지만 그냥 온천이 좋았다. 온천에 가도, 온천이 그리웠다.

고토부키 온천寿温泉에 간 그날도 이미 온천 세 군데를 다녀온 저녁이었다. 하루치 목표를 달성하고 숙소로 돌아가는 길, 어디선가 익숙한 냄새가 났다. 희미한 물냄새, 향긋한 비누냄새. 이건 온천냄새다. 냄새가 나는 쪽으로 걸음을 옮기자 거짓말처럼 온천이 눈앞에 나타났다. 망설임 없이 안으로 들어갔다.

시각은 저녁 여덟시. 운 좋게도 온천에는 아무도 없었다. 일본인 대부분은 하루의 피로를 풀기 위해 저녁에 온천을 찾기 때문에 저녁 온천을 독차지하는 건 드문 일이다. 내부는 여기저기 낡은 흔적이 가득했다. 군데군데 페인트칠이 벗겨진 벽, 이것저것 알리는 안내문, 한쪽에 가지런히 놓인 낡은 바가지들. 소박한 동네 온천의 모습이었다.

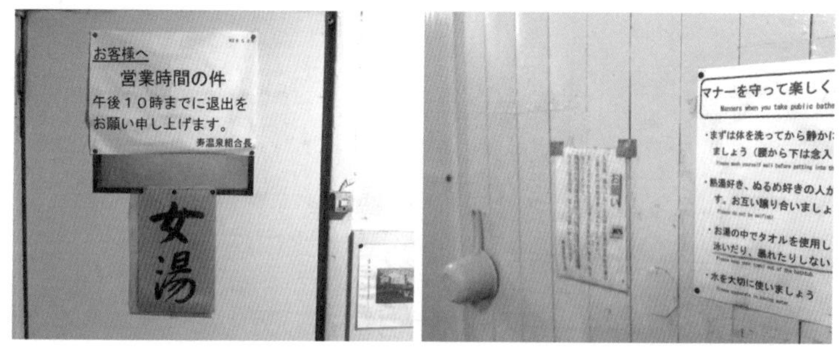

구경을 마치고 탕에 들어가기 위해 수도꼭지 가까이에 자리를 잡고 몸을 씻기 시작했다. 그때, 밖에서 왁자지껄한 소리와 함께 문이 열렸다. 아주머니 세 분이 들어와 자리를 잡았다. 인사를 나누고, 하던 대로 열심히 비누칠을 했다. 그런데 이상하게 한 아주머니가 내가 있는 쪽을 가만히 쳐다보는 거다. 영문 모를 시선에 슬쩍 눈치를 볼 때쯤, 아주머니가 무어라 말하기 시작했다. 알아들은 단어는 단 두 개, '고도모(아이)', '누루유(미지근한 물)'뿐이었다. 마침 문밖에서 아이 목소리가 들렸다. 아주머니는 내 뒤를 손가락으로 가리켰다. 뒤돌아보니 거기에는 차가운 물이 나오는 수도꼭지와 호스가 있었다. 아! 그제야 상황이 단박에 이해가 되었다. 아주머니의 말은 아마도 이랬을 것이다. "아이가 올 텐데, 미지근한 물을 쓸 수 있게 자리를 옮기는 게 어떨까?"

자리를 급히 옆으로 옮긴 그 순간, 이제 막 아장아장 걷기 시작한 아기와 엄마가 걸어 들어왔다. 모두가 한마음으로 비워둔 자리로 안내했다. 아기 엄마는 작은 배려에 고마워하며 모두에게 인사를 건넸다. 아주머니들은 아이에게 이름이 뭔지, 몇 살인지를 물으며 연신 귀엽다는 말을 해댔다. "하루 짱, 세 살!" 아이는 갑자기 쏟아지는 관심에 부끄러워하면서도 씩씩하게 대답했다. 아이를 씻기는 데 여념이 없는 엄마, 천진난만한 아이, 그리고 그 광경을 사랑스럽다는 눈으로 바라보는 어른들. 아이를 씻기기에 불편한 시설인데도 이곳에 올 수 있었던 건 언제 어디서나 배려받았던 경험 때문 아닐까? 하루 짱도 언젠가 벳푸 온천을 좋

내부는 여기저기 낡은 흔적이 가득했다. 군데군데 페인트칠이 벗겨진 벽, 이것저것 알리는 안내문, 한쪽에 가지런히 놓인 낡은 바가지들. 소박한 동네 온천의 모습이었다.

아하는 어른이 될 수 있겠지? 이런저런 생각과 함께 매끈매끈한 온천에 푹 잠겼다.

입욕을 마치고 나오니, 벽에 붙은 종이가 눈에 띄었다. 사진과 함께 이곳의 역사가 적혀 있었다. 푹신한 소파에 앉아 번역기를 켜고 글을 읽어 보기로 했다. 1899년 지금의 온천 자리에 있던 이발소에서 온천이 솟은 것을 계기로 영업을 시작했다고 한다. 온천이 부인병 전반에 효과가 있다고 널리 알려져 최초에는 여성 전용으로 운영되다 나중에야 남탕이 생겼고 그 때문에 지금도 여탕이 1.5배 가까이 크다. 현재 건물은 1924년에 지어졌는데 당시만 해도 보기 드문 신식 건물이라 보통의 공동 온천과 달리 화려했다고 한다. 이런저런 사실들을 흥미롭게 읽던 중, 눈에 띈 대목 하나.

'이곳에서 목욕하면 아이를 가질 수 있다고 알려져왔고, 그래서 아이를 원하는 부녀자들의 발걸음이 끊이질 않았다.'

과연 이 말이 사실인지 알 수 없지만, 아이를 먼저 배려하는 어른들을

보니 어쩌면 정말로 온천이 아이를 만들 수도 있겠다는 생각이 들었다. 아이가 귀해지는 세상이라며 걱정하는 어른들은 많지만 정작 엄마와 아이들을 배려하는 사람들은 얼마나 될까? 아이 낳고 기르기 좋은 사회는, 일상생활에서 체감하는 작은 배려에서부터 시작되는 게 아닐까? 나는 뜨거운 물을 좋아하지만, 아이는 들어갈 수 없으니 찬물을 먼저 쓸 수 있게 해주자. 아이 엄마가 불편하지 않게 가장 좋은 자리를 양보해주자. 그런 마음이 모이는 온천이라면 자연스럽게 아이들이 늘어나는 것 아닐까? 오랫동안 모두가 궁금해했을 온천의 비밀을 우연히 알게 된 것 같아 흐뭇한 미소가 입가에 걸린다.

역전의 명소, — 에키마에코토 온천

주소 오이타현 벳푸시 에키마에초13-14
(大分県 別府市 駅前町13-14)
영업시간 6:00~24:00, 부정기 휴무
찾아가기 벳푸역에서 도보 2분
입욕요금 200엔
시설정보 대야, 의자 있음, 타월, 샴푸·린스 등 비품 유료 판매
수질 단순 온천 | **영업형태** 외탕·숙박시설

대전역 가락국수, 부산역 돼지국밥, 청도역 추어탕. 그 도시의 명물을 알고 싶다면 역 앞으로 가면 된다는 법칙은 전세계 어디에서나 통용되는 것일까? 벳푸에서만큼은 그 법칙이 통했노라고 말할 수 있다. 역전의 명소, 에키마에코토 온천駅前高等温泉이 있기 때문이다. 에키마에코토 온천을 우리말로 옮기면 말 그대로 '역전 고등 온천'. 이름처럼 역에서 도보로 2분, 고작 150미터 정도 떨어진 곳에 있다.

온천을 찾은 시간은 자정에 가까웠다. 대부분의 온천은 이미 문을 닫은 시각이었지만 이곳만큼은 늦게까지 한다고 해서 물어물어 찾아왔다. 하루의 마무리는 역시 온천이니까! 카운터의 아저씨에게 한 명이요, 라고 했더니 뒤를 가리킨다. 돌아보니 발권기가 있었다. 티켓 종류도 많았는데, 돈이 오가는 거래는 전부 기계로 해결하는 모양이었다.

그런데 이상한 점을 발견했다. 온천 종류가 둘이었다. 뜨거운 '열탕'과 미지근한 '온탕'. 기계 앞에 서서 망설이고 있으니 아저씨가 설명을 덧붙였다. "둘 중에 하나 선택해서 들어가는 거예요." 잠시 고민했지만, 결정은 쉬웠다. 나는 온천 명인이 될 거니까 열탕에 질 수 없지. 이상한 호승

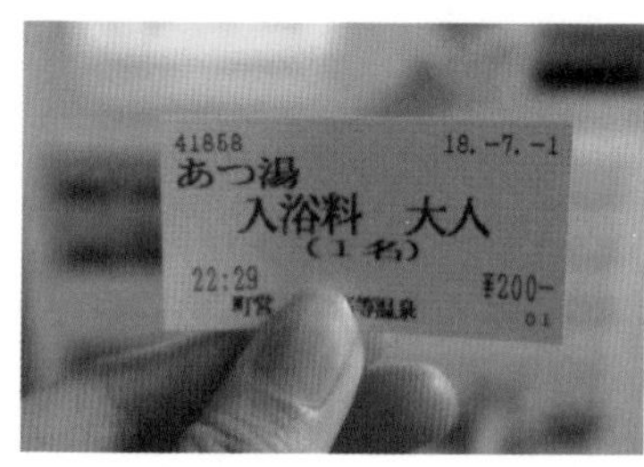

지심으로 열탕 티켓을 뽑았다.

자, 그럼 뜨거운 맛 좀 보러 가볼까.

온천 안은 적막만이 흐르고 있었다. 가장 먼저 온도부터 체크했다. 바가지로 물을 살짝 떠 손을 넣는데, 나도 모르게 비명을 지르고 말았다. "악! 뜨거!" 이름값 제대로 하는 뜨거움이었다. 전신을 담글 용기가 도무지 나질 않았다. 뜨끈한 물에 잠기고 싶었지만, 피부가 데쳐질지도 모른다는 공포가 더 컸다. 반칙이지만 찬물을 섞자. 탕 둘레에 붙은 수도꼭지를 발견했다. 그런데 문제는 전혀 작동되질 않았다! 수도꼭지의 머리 부분이 뎅강 날아가고 없는 거였다. 맙소사, 이걸 어쩐다. 망연자실한 채 멍하니 바라보다 자리마다 붙은 수도꼭지에서 나오는 찬물로 겨우 몸을 씻었다.

이윽고 아주머니 한 분이 들어왔다. 인사를 건넨 뒤 곧장 아주머니는 탕으로 향하더니, 손을 넣어 온도를 체크했다. 그리고 곤란한 표정으로 말을 걸어왔다. "혹시 괜찮다면 찬물을 섞어도 될까요?" 이렇게 반가울 때가! 기쁜 기색을 숨기지도 않고 냅다 그러시라고 했다. 그리고 작게 덧붙였다. "사실은 저도 너무 뜨거웠어요." 그 말에 아주머니도 웃으며 "역시 그렇죠?"라고 화답해왔다. 그런데 물은 어떻게 트는걸까? 호기심에 지켜보았다. 아주머니가 뭔가를 꺼내 수도꼭지 머리 부분에 끼우고 돌렸더니, 찬물이 콸콸 쏟아졌다! 대체 저게 뭐지? 궁금함에 눈을 반짝이다 참을 수 없어 물어보았다. "그건 뭔가요?" 아주머니가 말하기를, "이거 수

찬물을 틀고 싶었는데
수도꼭지의 머리 부분이 댕강 날아가고 없는 거였다.
맙소사, 이걸 어쩐다.

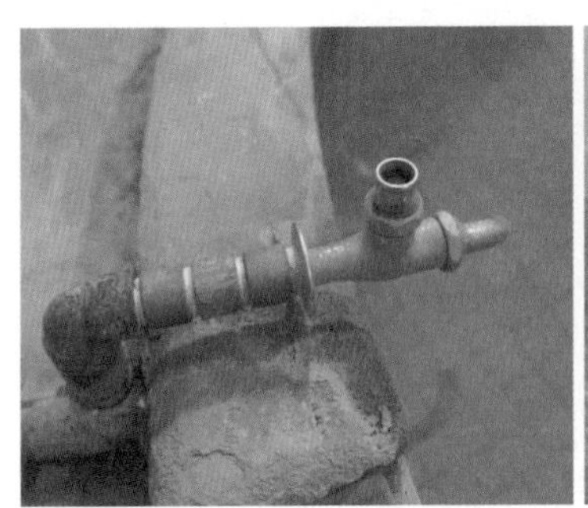

도꼭지인데, 카운터에서 받아오면 돼요"라고 하는 게 아닌가! 이건 대체 무슨 시스템이지? 궁금증 해결은 나중으로 미루고, 먼저 몸부터 담갔다.

꼬박 5분 정도 물을 틀고 나서야 들어갈 만한 온도가 되었다. 함께 안도하며 탕에 들어가려니, 생면부지인데도 더없이 친근하게 느껴졌다. 위기를 견뎌낸 동지 아닌가. "좋지요?" "네, 좋네요." 짧은 대화를 나누고선 각자 온천을 즐겼다.

이번에는 할머니 두 분이 들어오셨다. 벳푸 할머니들의 뜨거운 물 사랑은 대단해서 절로 긴장이 되었다. 아니나 다를까 온도가 성에 차지 않는지 나와 아주머니께 뜨거운 물을 틀어도 되냐며 짧게 묻고는 원천 입구를 열어 뜨거운 물을 흘리기 시작했다. 냅다 나오기는 멋쩍어 버텼는데, 이러다가는 서서히 끓어서 죽어버린 개구리가 될 것 같아 항복할 수밖에 없었다. 뜨거운 물에는 못 들어가는 온천 명인, 그게 나 자신임을 겸허히 받아들이기로 했다. 그렇게 입욕을 마무리했다.

드디어 남겨둔 의문을 해결할 시간. 카운터의 아저씨에게 수도꼭지 머리를 따로 보관하는 이유를 물어봤다. 답변을 듣고 나니 우문현답이 따로 없었다. "열탕은 뜨거운 물을 좋아하는 사람들이 가는 곳인데 찬물을 많이 섞어두면 안 되잖아? 그래서 꼭 필요한 경우에만 주는 거예요." 그렇지. 뜨거운 물이 싫으면 온탕으로 가면 될 일인데, 굳이 수도꼭지 머리를 찾을 필요가 있을까? 열탕에서 찬물을 찾았던 내가 우스웠다.

호기심 많은 이방인에게 더 많은 걸 알려주고 싶었는지 아저씨는 온탕도 구경해보라며 안내해주었다. 적당한 온도라 초보자에겐 더 좋을 것 같았다. 아저씨는 옛날에는 이곳이 고급 료칸이었다는 것, 지금도 2층에는 숙박시설이 있다는 등 온천에 얽힌 이야기를 들려주었다. 어느새 자정을 넘긴 시각. 친절한 아저씨에게 감사 인사를 드리고 온천을 나왔다.

벳푸의 뜨거운 맛을 체험할 수 있는 역전의 명소 에키마에코토 온천. 수도꼭지도 없는 뜨거운 물을 마주할 용기가 있다면, 도전해보길 바란다.

선물 같은 시간,

—

호텔 뉴 쓰루타

주소 오이타현 벳푸시 기타하마1-14-15(大分県 別府市 北浜1-14-15)
영업시간 15:00~21:00, 연중무휴
찾아가기 벳푸기타하마(別府北浜) 버스정류장에서 도보 2분 또는 벳푸역에서 도보 8분
입욕요금 650엔
시설정보 샤워기, 대야, 의자 있음, 샴푸·린스 등 비품 있음
수질 염화물천, 탄산수소염천 | **영업형태** 숙박시설

나는 여행의 즐거움 중 팔할은 계획에서 온다고 믿는다. 여행지를 결정하면 일단 구글맵으로 수많은 별을 띄운다. 그다음 예측 가능한 분 단위로 계산해 매일의 일정표를 짠다. 만일을 대비해 플랜 B, C도 준비해 둔다. 머릿속의 생각을 실현할 수 있다는 것. 그것은 일이 계획대로 되었을 때 느끼는 기쁨의 본질이니까.

하지만 때로는 뜻밖의 사건을 만나기도 한다. 보통은 달갑지 않은 일이지만, 상상보다 더 멋진 일이 생길 때도 있다. 그럴 땐 과감하게 계획을 버린다. 더 멋진 기회가 찾아왔는데 계획을 고집할 이유는 전혀 없으니! 이번에는 온천 명인 3단 도전의 막바지, 어느 카레가게에서 만난 작은 행운에 관한 이야기다.

벳푸를 동서로 가로지르는 아키바 거리秋葉通り 끝에 있는 작은 식당, 카레야 모모カレーや momo는 테이블 세 개와 카운터 석이 전부인 작은 가게였다. 늦은 오후, 손님은 없었다. 치킨카레 하나를 주문했다. 한입 먹을 때마다 건강해지는 기분이 드는, 담백하면서도 깊은 맛이 인상적이었다. 순식간에 그릇을 깨끗이 비웠다.

주인은 그제야 말을 걸어왔다. "여행 왔나요?" 여행자에게 으레 건네는 호기심 어린 질문이라 생각하며, 외워온 문장을 읊었다. "온천 명인이 되려고 여행 왔어요." 내 대답을 들은 주인이 눈을 크게 뜨며 반가워했다. 자기도 온천을 좋아한다고, 그래서 온천 명인이 되었느냐고 묻기에 아직은 3단 도전 중이라고 웃으며 답했다. 거기까지는 평범한 대화였다.

그런데 갑자기 "뉴 쓰루타ホテルニューツルタ에 가봤어요?"라고 물어왔다. 가본 적이 없다고 하니, 카운터 한편에서 종이 하나를 주섬주섬 꺼내 건네는 게 아닌가. "이거, 선물이에요."

종이에는 '호텔 뉴 쓰루타 입욕 무료권'이라고 적혀 있었다. 뜻밖의 선물에 놀라는 내게 "무료로 들어갈 수 있는 거예요. 좋아하는 곳인데, 가본 적이 없다고 하니까"라며 쑥스러운 듯 설명을 늘어놓았다. 그리고는 손에 종이를 꼭 쥐여주었다. "높은 곳에 있어서 벳푸 바다를 볼 수 있어요. 낮에도 좋고, 밤에는 야경이 보여요." 게다가 외국인이 잘 알 수 없는 지역 축제 정보도 알려주었다. "죽세공 박물관에서 하는 행사, 여기는 가볼 만할 거예요. 오늘 밤이니까 일이 없으면 한번 가봐요. 벳푸에서 재미있는 여행해요. 온천 명인도 되고요." 주인의 따뜻한 호의에 나는 거듭 감사의 인사를 건넸고, 고마움을 표하기 위해 늘 준비해 다니던 유자차 포션을 건네며 가게를 나왔다.

고민할 것도 없이 호텔 뉴 쓰루타로 향했다. 원래 다른 계획이 있었지만 그런 건 중요하지 않았다. 생각지도 못한 선물을 받고 설레는 마음에, 얼른 포장지를 뜯어보고 싶은 아이가 된 것 같았다. 마침 선물을 풀기 좋은 때였을까. 부랴부랴 도착한 온천에는 아무도 없었다. 창밖의 갈매기 두 마리가 전부였다. 몸을 담그고, 천천히 고요를 만끽했다.

바다가 시원스레 보이는 날씨는 아니었다. 구름이 끼어 흐리고 탁한 하늘이 창밖으로 펼쳐졌다. 하지만 덕분에 높은 곳에서 벳푸 바다를 바

하늘이 갤 듯 말 듯 어디론가 향하는 구름.
풍경이 하나하나 머물렀다가 사라지는 동안,
선물과도 같은 시간을 온전히 누렸다.

라볼 수 있었다. 안개가 낀 다카사키산의 모습도 마음에 들었다. 바쁘게 오가는 차와 사람, 그리고 그런 것 따위 상관없이 구애에 열중한 갈매기 한 쌍의 움직임. 하늘이 갤 듯 말 듯 어디론가 향하는 구름. 풍경이 하나하나 머물렀다가 사라지는 동안, 선물과도 같은 시간을 온전히 누렸다.

입욕을 마치고 나오니 복도 창밖 너머로 구름이 걷히고 햇살이 쏟아지고 있었다. 동쪽의 바다와 서쪽의 산 풍경이 이렇게 다른지 미처 알지 못했다. 하긴, 이런 선물을 받을지 누가 알았을까. 모르는 것투성이인 내가 낯선 도시에서 이토록 멋진 일을 많이 만날 줄이야.

오늘의 일정표를 열어보았다. 예정대로라면 다른 온천에서 시간을 보내고 있어야 했다. 3단 달성도 얼마 남지 않았겠다, 오늘은 더이상 계획대로 하고 싶지 않아졌다. 문득 친절한 사장님이 일러준 대로 죽세공 박물관에 놀러가볼까 하는 생각이 들었다. 계획에는 없지만, 혹시 또 재미있는 일이 생기지 않을까? 선물 같은 시간은 아직 끝나지 않았다.

명인의 단골집
고노하나 온천

주소 오이타현 벳푸시 히카리마치7-5(大分県 別府市 光町7-5)
영업시간 4월~10월 6:00~22:00, 11월~3월 6:30~22:00, 연중무휴
찾아가기 나가레카와8초메미나미(流川8丁目南) 버스정류장에서 도보 5분 또는 벳푸역에서 도보 10분
입욕요금 100엔(요금함 투입) | **시설정보** 대야, 의자 있음
수질 단순 온천 | **영업형태** 공동 온천(무인)

온천 명인에 도전한 지 며칠이 지났을 무렵, 문득 궁금해졌다. 과연 온천 명인은 어디에 있을까? 어쩌다 사람들과 이야기를 나누게 되면 온천 명인에 도전 중이라고 밝히곤 했는데, 그건 혹시라도 온천 명인을 만날 수 있을까 하는 기대감에서였다. 하지만 스무 곳 가까이 온천을 다녀도 온천 명인을 만날 수 없었다. 그들을 만난다는 게 생각보다 더 어려운 일이라는 걸 알게 되자 꼭 찾고 싶어졌다. 그리고 그 답은 우연히 찾아왔다.

온천 명인과의 만남의 장소는 온천이 아니었다. 온천으로 가는 길목이었다. 마침 타월 가게가 보였다. 귀여운 그림이 그려진 복고풍 타월은 기념품으로 딱일 것 같았다. 온천에 가기 전에 들러볼까 하는 가벼운 마음으로 가게 문을 열고 들어갔다.

가게 앞에는 타월들이 죽 진열되어 있었고, 가게 안에도 역시 타월이 끝도 없이 쌓여 있었다. 생각보다 종류가 많아 고심하고 있자 사장님이 조심스레 다가와 이것저것 추천해주기 시작했다. 그리고 내 얼굴을 유심

히 살피더니, 전혀 생각지도 못한 말을 하는 게 아닌가.

"혹시, 한국에서 오셨어요?" 아주 유창한 한국어였다. 반가움에 나도 모르게 한국어가 쏟아져나왔다. "한국어 잘하시네요!" 추측이 맞아 반가웠는지, 사장님도 연신 질문을 하기 시작했다. "한국 어디에서 왔어요? 우리 가게는 어떻게 왔어요?"

나는 온천을 향하는 길목에 있어 마침 들르게 되었다고 얘기했다. 그리고 늘 하던 대로, 묻지도 않았지만 덧붙였다. 온천 명인에 도전하고 있다고. 그러자 사장님이 수줍은 미소를 지으며 하는 말. "저는 온천 명인이에요." 그러더니 사무실을 뒤적거려 꺼낸 것은, 온천 명인들에게만 주어진다는 검은 수건이 아닌가! 온천 명인을 만났다는 기쁨에 지나치게 흥분해 엉망진창 일본어로 감탄사를 쏟아냈다. "스고이! 온센 메이진 센빠이!(대단해요! 온천 명인 선배님!)" 내 엉뚱한 반응에 사장님 내외가 참지 못하고 크게 웃었다. 가게는 순식간에 떠들썩해졌다.

졸지에 선배님이 되어버린 사장님은 책임감이라도 느낀 걸까. 온천 명인 도전 계획이 듣고 싶다며, 어떤 온천에 다녀왔는지, 어디에 갈 예정인지 등을 자세하게 물어왔다. 그리고 적극적으로 격려해주었다. 벳푸 온천을 다녀가는 외국인은 많지만, 온천 명인에 도전하는 외국인은 아주 드물다며 벳푸 온천을 좋아해줘서 고맙다는 말과 함께.

대화의 말미, 다음 목적지로 향할 예정이었던 온천의 이름을 얘기하자 사장님이 몰랐던 사실을 알려주었다. "거기 사장님, 지금 온천 문을 닫고 여행 중일걸요?" 가려던 온천이 당분간은 휴업 중이라는 얘기였다. 당황한 내게 사장님은 조심스럽게 제안했다. "이 근처에 내가 매일 가는 온천이 있어요. 거기도 좋아요. 소개해줄까요?"

사장님은 가게를 부인에게 맡기고 온천까지 직접 데려다주는 친절을 베풀었다. 온천 이름은 고노하나 온천此花温泉. 주택가 골목에 숨어 있는 여느 100엔 온천과 다르지 않았지만, 새 건물과 시설이 인상적이었다. 사장님이 말하기를 고노하나 온천은 2010년 큰 화재로 불에 다 타버렸는데, '벳푸팔탕 온천도 명인회'를 비롯한 시민들이 모금 운동을 펼쳐 온천을 재건축한 것이라고 했다.

온천은 깨끗하고 단정했다. 새 시설이라 그런지 낡은 티 하나 없이 반짝거려 좋았다. 욕조 가득 담긴 무색무취의 온천수가 제법 뜨거워 찬물을 틀어 온도를 맞추고 탕 안으로 들어갔다. 그리고 생각했다. 온천 명인이란 도장을 다 모은 사람이 아니라, 온천을 지극히 사랑하는 사람의 또

다른 이름이 아닐까? 온천을 사랑한다는 공통점 아래 누구와도 친구가 될 수 있는 사람. 매일 온천으로 향하며 성실하고 꾸준한 사랑을 실천하는 사람. 불타버린 온천의 재건을 위해 기꺼이 가진 걸 내어주는 사람. 온천 명인을 전부 만나본 것은 아니지만, 우연히 온천 명인을 만나고, 그가 사랑하는 온천의 이야기를 알고 나니 그럴 거라는 확신이 생겼다.

그리고 다짐했다. 도장 개수에 연연하지 말고, 지금처럼 기꺼이 온천을 즐기고 사랑하자고. 그 마음을 따라 걸어가다보면 언젠가는 온천 명인이 될 테니까. 마음만은 이미 온천 명인이 된 듯, 가벼워졌다.

Interview

지극한 온천 사랑을 모아, 벳푸팔탕 온천도 명인회

열혈 온천 사랑을 실천하는 이들이 있다. 벳푸 온천 명인들의 모임, 비영리 법인단체인 벳푸팔탕 온천도 명인회別府八湯温泉道名人会는 벳푸 온천의 매력을 많은 사람이 느낄 수 있게 홍보하고 관광 발전과 공익에 이바지하는 것을 목적으로 하는 단체다. 온천 강좌를 개최하고 안내소를 운영하는 교육·홍보 활동에서부터 온천 명인 도전을 독려하기 위한 '부모와 자식 온천도' '미인 온천도' 등 프로그램 개발, 부정기 봉사활동인 '공동 온천 청소 프로젝트'까지 다양한 활동을 펼치고 있다.

벳푸 온천 명인으로서, 온천 명인회가 어떤 단체인지 궁금했다. 그래서 명인회 부이사장이자 고토리 카페 주인 야기 미치루 씨에게 인터뷰를 요청했다. '벳푸 온천이 인생을 바꿨다'라고 말할 정도로 열혈 활동 중인 그녀를 직접 만나서 이야기를 나눴다.

Q 안녕하세요, 미치루 씨. 먼저 소개를 부탁합니다.

벳푸에 사는 야기 미치루입니다. 벳푸팔탕 온천도 명인회 부이사장이고, 고토리 카페를 운영하고 있습니다. 얼마 전에는 온천 명인을 11회 달성해 영세명인永世名人이 되었습니다. 2007년에 처음 벳푸로 여행을 오게 되었는데, 그때까지 온천과는 전혀 관계 없는 인생을 살았습니다. 그런데 어쩌다보니 이렇게 벳푸에 와 있네요.

원래 고향이 벳푸가 아니라는 건가요?

몰랐군요(웃음). 원래 고향은 가나가와현이고 벳푸에 여행을 왔을 때는 도치기현에서 전업주부로 평범하게 살고 있었어요. 솔직하게 말하면, 벳푸라고 하면 지옥 온천이 있다는 것 정도 말고는 특별한 인상이 없었어요. 그때까지는 이런 일들이 펼쳐질 거라고는 전혀 상상도 못했어요.

그럼 언제부터 벳푸 온천의 열혈 사랑꾼이 되신 겁니까?

처음 여행 왔을 때 벳푸에 푹 빠지긴 했어요. 온천도 좋고, 바다가 보이는 풍경도 좋았고, 또 공동 온천에서 만난 사람들의 상냥함에 감동했었거든요. 그렇다고 곧바로 이주를 결심한 건 아니고요. 틈날 때마다 벳푸에 여행을 와서 온천 명인에 도전했었습니다. 그런데 계속 와도 좋더라고요. 그리고 예전부터 카페를 하고 싶었는데 벳푸에서 해보면 어떨까 하고 언젠가부터 이주 계획을 마음에 두게 됐습니다. 마침 2010년에 우연한 계기로 오이타로 이사를 왔고, 2012년부터는 벳푸로 이주해서 이동식 카페를 열고 온천과 관련한 활동도 본격적으로 시작했죠. 고토리 카페는 2017년 봄에 오픈했고요.

지금 명인회에서 부이사장을 맡고 있는데, 어떤 활동을 하고 있나요?

거의 모든 활동을 하고 있는데요. 대표적으로는 역시 '미인 온천도'와 PR 활동이 아닐까 합니다. 미인 온천도는 2014년 가을에 처음 시작했는데, 여성들의 참여를 독려하고 싶어서 만들었어요. 온천 명인에 도전하는 사람들 대부분이 남성이에요. 명인회 회원도 남성이 65퍼센트, 여성이 35퍼센트 비율로 차이가 나죠. 마니악한 이미지 때문에 진입 장벽이 높다고 해야 할까요. 그래서 미인 온천도에서는 여성 모임을 개최해서 온천에 갔다가 맛있는 걸 먹어요. 이런 모임을 통해 온천이 좋아지기도 하고, 자신도 모르는 사이에 명인이 되기도 하지요.

미인 온천도를 널리 알리기 위해 2015년 봄부터는 지역 방송인 CTB 방송국에서 「미인 온천도·미인의 길美人温泉道·べっぴんさんへの道」이라는 프로그램을 공동 기획하고 고정 패널로 출연하고 있어요. 지금도 계속 방영 중이에요.

멋지네요! '부모와 자식 온천도'도 궁금해요. 이건 미래의 명인 발굴을 위한 건가요?

네, 물론 그런 목적이 있죠. 점점 공동 온천에 가는 사람들이 줄어들고 있으니까요. 어릴 때부터 엄마나 아빠와 온천에 가는 경험을 쌓아두어야 훗날에도 온천이 그립지 않을까요? 그리고 온천을 좋아하는 엄마 아빠 역시 아이와 함께 온천에 가는 것을 부담스러워하지 않았으면 했어요. 아이를 데려가서 "부모와 자식 온천도입니다"라고 하면 이런저런 배려를 받을 수도 있고, 아이와 온천을 즐기는 추억도 쌓을 수 있잖아요. 또 어린이들도 온천 명인이 되고 싶을 수 있으니까요. 온천을 좋아하는 건 나이를 가리지 않거든요.

명인회에서 특별히 공동 온천을 위해 펼치고 있는 활동을 소개해주세요.

요즘 공동 온천 경영이 어려워요. 집집마다 욕조가 있으니까 굳이 온천에 가지 않아도 되는 사람들이 많죠. 고토부키 온천 아시죠? 거기는 명인회에서 운영하는 온천이에요. 굉장히 역사가 깊은 곳인데, 2016년에 운영이 어려워져 문을 닫을 뻔했어요. 폐업을 막으려고 명인회에서 운영을 이어받았고요. 지금은 회원들이 돌아가면서 오픈과 마감, 청소까지 하고 있어요. 스미요시 온천도 그렇게 운영하는 곳 중 하나고요. 몇 년 전 불에 탔던 고노하나 온천도 명인회에서 모금 활동을 해서 부

활시켰어요.

또, 봉사활동으로 청소 프로젝트를 개최하고 있는데요, 날을 정해 돌아가며 회원들이 공동 온천을 청소해요. 노인들이 운영하는 곳이 많아 청소가 힘에 부칠 때가 있거든요. 참가자들은 청소를 마치고 나면 새 물을 받아 무료로 온천에 들어갈 수 있는 특전이 주어집니다.

벳푸 사람들에게 온천은 단순히 몸을 씻는 장소만은 아니라는 생각이 듭니다. 사람들이 온천을 소중히 하고 지켜나가려는 이유는 무엇일까요?

맞아요, 벳푸 사람들에게 온천은 단순히 몸을 씻는 곳이 아니에요. 개인 욕실이 아니라 거실이라고 해야 할까요? 커뮤니티에 가까워요. 제가 벳푸 온천을 처음 경험하고서 가장 좋았던 것도 그 점이에요. 인사만 해도 자연스럽게 교류하게 되는 거죠. 이방인으로 와도 그런 경험을 할 수 있는데, 지역 주민들은 매일 온천에서 마주하니 사이가 더욱 돈독해지는 거죠.

2016년 구마모토에 지진이 발생했을 때 벳푸에도 피해가 있었어요. 그때 온천이 커뮤니티의 역할을 톡톡히 했지요. 주민들은 온천에 모여 서로의 안부를 확인하고 불안한 마음을 달랬거든요. 상당히 혼란스러운 와중에도 벳푸시 차원에서 재빨리 시영 온천을 재개했고 덕분에 주민들에게 심적으로 상당한 도움이 되었습니다. 그렇게 온천을 둘러싸고 사람들이 모이는 풍경이 저에게는 너무나 소중해요. 이런 풍경을 오래도록 보존하고 싶어요. 많은 벳푸 사람들이 그렇게 생각하고 있습니다.

명인회에서 앞으로 펼치고 싶은 활동이 있습니까?

지금까지 하던 모든 활동을 계속 지켜나가고 싶습니다. 구체적으로는 공동 온천에 실제로 힘을 보탤 수 있는 활동을 더 많이 하고 싶어요. 지역 사회와 연계하여 공동 온천 청소 도우미 등 새로운 일자리를 창출하면서도 온천에 도움이 되는 방향을 모색 중이고요. 또, 지금 구상하는 것 중 하나가 공동 온천 네트워크화예요. 공동 온천은 벳푸에서 소중히 지켜야 할 자산이니까요. 아직 구상 단계지만 곧 추진해야죠.

현재 명인회 회원은 얼마나 되나요? 혹시 저처럼 외국인 회원도 있는지요.

명인 회원은 2018년 6월 현재 253명인데, 벳푸가 아니라 다른 지역에 사는 분들도 많아요. 주말마다 벳푸에 와서 자원봉사로 가이드 활동을 하거나 명인회 활동을 하는 사람들도 있고요. 각지에서 생활하는 회원들이 있는데 벳푸에 여행을 자주 오거나 가능한 범위 안에서 활동을 해주죠. 그분들에게 저희는 지부장이라는 직함을 드리고, 자신이 사는 지역에 벳푸를 널리 알려주기를 부탁드리고 있습니다. 그리고 드물긴 하지만 외국인 회원도 있어요. 독일, 미국 출신 회원들이 있네요. 한국인은 처음이니까 가입하면 바로 지부장인데, 가입할래요?(웃음)

네, 기꺼이 영광으로 받아들일게요. 그럼 마지막으로 벳푸 온천에 관심을 갖는 사람들에게 한마디 남겨주세요.

온천을 즐기고 싶다면 단연코 벳푸입니다! 벳푸를 온천 관광 도시로 만든 사업가 아부라야 구마하치油屋熊八가 남긴 말이 있어요. "여행자를 친절히 대하라旅人をねんごろにせよ." 어디에서 오셨든지 환영합니다. 온천에서 꼭 만나요!

TIP 벳푸팔탕 온천도 명인회 회원이 되려면

벳푸 온천 명인이 된 뒤, 입회금과 연회비를 가지고 명인회 사무실을 방문하면 된다. 서류를 작성하고 비용을 지불하면 가입 절차가 완료되는데 회원증 발급에는 다소 시간이 걸리니 참고할 것. 회원이 되면 명인회 주최 이벤트에 참여할 수 있는 정식 자격이 생긴다. 또 회원증을 가지고 벳푸 전역을 다니면 온천 입욕료 할인과 음식점 할인이나 무료 메뉴 제공 등 다양한 혜택을 받을 수 있다. 혜택 업체 목록은 홈페이지에 있으니 참고하자. 나는 한국에 돌아와 국제우편으로 회원증을 받았는데, 정성스러운 손편지와 함께 받아 마음이 따뜻해졌다. 비용은 조금 들지만, 벳푸 온천 명인들과 교류하고 싶다면 등록해보는 건 어떨까?

등록 자격 벳푸팔탕 온천도 명인 누구나 | **등록 비용** 입회금 1000엔, 연회비 3000엔 | **주소** 오이타현 벳푸시 구스노키마치5-9(大分県 別府市 楠町5-9) | **전화번호** 0977-24-8812 | **홈페이지** www.beppu88.com

Eat

벳푸에서 먹기

힘이 되는 점심 한 끼, 소무리

낮의 식사는 든든할수록 좋다. 가보고 싶은 곳도, 하고 싶은 것도 많은 여행자라면 점심 메뉴가 그날의 활력을 좌우할지도 모른다. 그런 의미에서 벳푸에서 든든한 점심을 먹어야 한다면 주저 없이 '소무리そむり'를 추천한다. 소무리는 오이타현의 특산물이자 고급 소고기인 분고규豊後牛를 취급해 스테이크 등 고기 요리를 선보이는 식당. 저렴한 가격의 런치 세트가 인기가 많다.

직접 먹어보니 육즙이 살아 있는 두툼한 햄버그스테이크는 입에서 부드럽게 녹았고, 곁들여진 데미글라스 소스는 고기의 풍미를 더해주었다. 접시를 깨끗하게 비우고, 후식인 에스프레소를 음미하며 식사를 마무리하니 없던 기운도 절로 솟아났다. 빡빡한 일정을 소화하느라 지치기 쉬운 여행길, 스스로에게 작은 보상을 하고 싶다면 소무리에서 점심을 먹어보자. 맛있는 한 끼의 식사가 주는 마법 같은 힘을 경험하게 될 것이다.

주소 오이타현 벳푸시 기타하마1-4-28 가사오카쇼핑빌딩 2층(大分県 別府市 北浜1-4-28 笠岡商店ビル2F) | **영업시간** 런치 11:30~14:00(L.O. 13:30), 디너 17:30~21:30(L.O. 20:30) | **정기휴일** 매주 월요일 | **대표메뉴** 런치 분고규 스테이크 M사이즈(150g, 2500엔), 소무리 런치(1200엔) | **전화번호** 0977-24-6830 | **홈페이지** www.somuri.net

극상의 튀김 정식, 덴푸라 가도

튀김이라고 하면 튀김덮밥이나 튀김우동 정도를 생각했던 내게, 덴푸라 가도てんぷら 加とう에서의 경험은 특별했다. 셰프가 갓 튀긴 튀김은 신선한 재료, 바삭한 튀김옷, 고소한

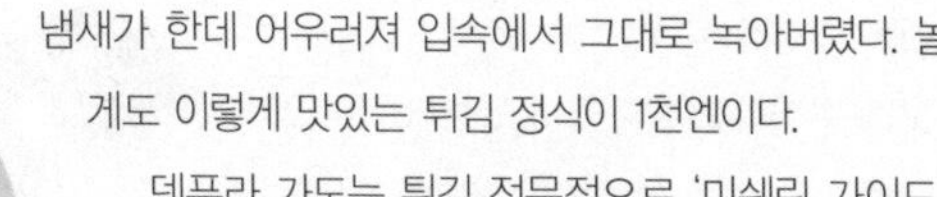

냄새가 한데 어우러져 입속에서 그대로 녹아버렸다. 놀랍게도 이렇게 맛있는 튀김 정식이 1천엔이다.

덴푸라 가도는 튀김 전문점으로 '미쉐린 가이드 오이타 2018'에서 '미쉐린 더 플레이트'로 선정되었을 만큼 공력을 들여 만든 튀김이 무엇인지 제대로 느낄 수 있다. 반찬과 소스도 튀김에 맞게 제공되어 빈틈없이 꽉 찬 미식 경험을 선사한다. 점심에 제공하는 정식은 저렴한 가격에 다양한 튀김을 맛볼 수 있어서 언제나 인기가 많다. 가급적이면 예약을 권한다. 일곱 가지 튀김이 나오는 점심 정식과 열 가지 튀김이 나오는 추천 런치가 있다. 더 많은 튀김을 먹고 싶을 때는 덴푸라 정식과 오마카세 코스도 있으니 참고하자.

주소 오이타현 벳푸시 와가쿠사초4-1(大分県 別府市 若草町4-1) | **영업시간** 11:30~14:00(L.O. 13:30), 17:30~22:00(L.O. 20:45) | **정기휴일** 매주 월요일, 연말연시 | **대표메뉴** 점심 정식(1000엔), 추천 런치(1500엔), 덴푸라 정식(2000엔), 점심 오마카세 튀김 코스(3000엔) | **전화번호** 0977-23-9101(예약 필수)

쌀밥을 향한 집념의 연구, 쇼쿠도겐큐조

식당이 아니라 '연구소'다. 오직 맛있는 밥 하나를 만들겠다는 일념 하나로 운영하는 정식집 '쇼쿠도겐큐조 食堂研究所'는 밥맛을 중요하게 생각하는 사람이라면 가볼 만한 곳이다. 메뉴는 오로지 정식 하나. 그런데 시스템이 좀 특이했다. 정해진 메인 메뉴에 반찬을 몇 가지 고르는 방식으로 주문해야 했다. 나는 일본어 단어

몇 개만 어룽어룽 알아볼 수 있는 수준이라 운에 맡기기로 했다. 3번, 6번, 16번이요.

이윽고 정갈한 한 상이 차려졌다. 밥, 된장국, 메인 메뉴인 유자후추 닭구이와 반찬 세 가지. 한눈에 보기에도 윤기가 자르르 흐르는 쌀밥과 김이 모락모락 나는 반찬들은 눈으로 보는 것만큼 그 맛도 단정하고 깔끔했다. 특히 밥맛이 감동적이었다. 오이타현에서 생산된 히노히카리 품종의 야마가山香米 쌀을 직접 정미까지 해 정성껏 지어올린 밥은 치열한 연구의 결과물이 아닐까.

주소 오이타현 벳푸시 에키마에혼마치9-7 다카사키빌딩 1층(大分県 別府市 駅前本町9-7 高崎ビル 1F) | **영업시간** 화~목요일 12:00~15:00, 금요일 16:00~23:00 | **정기휴일** 매주 토, 일, 월요일 | **대표메뉴** 점심 정식(메인 요리+반찬 3종+밥+된장국, 950엔), 캔맥주 등 음료(380엔~) | **전화번호** 090-9488-4135

온 마음을 다해 빚는 만두, 카린

매일 메뉴가 바뀐다. 그날 그날 가장 신선한 재료로만 만두를 만들기 때문이다. 특이한 건 주문을 받고 나서야 만두를 빚는다는 것. 느리지만 정성 넘치는 손길로 빚어진 만두 한 알을 받아들면 마음이 절로 경건해진다. 세상 어디에도 없는 특별한 만두를 맛볼 수 있는 카린香凛.

사장님은 중국 동북지방 출신으로, 유학을 왔다가 벳푸에 정착했다고 한다. 어릴 적 할머니께 배운 솜씨로 2014년에 가게를 열었다. '미쉐린 가이드 빕 구르망 2018'에 선정된 데다 오픈 시간에 맞추어 가지 않거나 예약을 하지 않으면 맛보기 힘들 정도로 인기가 많다. 재료의 맛과 향을 고스란히 담아낸 만두 한 알에 위로받는 기분이 든다. 세상의 속도 따위 아랑곳하지 않고 자신만의 템포로 빚어내는 만두가 궁금하다면 카린에 가보자.

주소 오이타현 벳푸시 모토마치10-1(大分県 別府市 元町10-1) | **영업시간** 18:00~23:00(재료 소진 시 조기 마감), 부정기 휴무 | **대표메뉴** 수제 만두 1개(140엔~) | **전화번호** 090-9589-9545

온천수로 내린 특별한 커피, 킷사 나쓰메

온천에 몸을 담갔다면 이번에는 온천을 마셔보자. 킷사 나쓰메喫茶なつめ의 명물, 온천커피가 있으니까. 벳푸역에서 도보 5분이면 갈 수 있는 킷사 나쓰메는 1965년에 개업한 찻집이다. 손때 묻은 가죽 소파와 테이블, 옛 소품들이 가득해 마치 시간여행을 온 것 같다.

온천커피를 주문하자 커피, 우유 그리고 따끈한 물이 담긴 작은 잔이 함께 나왔다. 온천수 맛을 궁금해하는 사람들을 위해 작게나마 내어주는 센스에 감탄했다. 무색무취의 온천수는 특별한 맛은 없었지만, 온천수를 맛본다는 자체로 즐거웠다. 온천수로 내린 커피는 엷은 산미와 함께 부드럽게 목으로 넘어가는 느낌이 인상적이었다. 그렇게 홀짝홀짝 온천커피를 마시고 있으려니 온몸이 온천수로 물드는 것 같았다. 피부도, 식도도, 위장도 온천수에. 온천이 좋아서 온몸을 온천으로 물들이고 싶다면 킷사 나쓰메에 들러 온천커피를 마셔보자. 벳푸의 온천을 오래도록 느낄 색다른 경험이 될 것이다.

주소 오이타현 벳푸시 기타하마1초메4-23(大分県 別府市 北浜1丁目4-23) | **영업시간** 10:30~19:00(L.O. 18:30) | **정기휴일** 매주 수요일 | **대표메뉴** 온천커피(550엔), 홍차(500엔), 달걀 샌드위치 세트(920엔) | **전화번호** 0977-21-5713

아침을 여는 샌드위치 뷔페, 아오야마 커피사

샌드위치에 커피 한 잔이 생각나는 아침이라면, 아오야마 커피사青山コーヒー舎로 가자. 40종의 샌드위치를 마음껏 먹을 수 있는 '샌드위치 바이킹'이 열리기 때문이다. 고풍스러운 찻잔이 즐비하게 진열된 벽, 유니폼을 갖춰입은 웨이트리스, 반짝반짝 나뭇결이 돋보이는 테이블 등, 1974년에 문을 열었다는 카페에는 클래식한 분위기가 흐른다.

샌드위치 바이킹에는 오믈렛, 딸기잼, 돼지고기, 햄과 양상추, 참치, 단호박 샐러드, 우엉볶음 등 각양각색의 재료로 만든 샌드위치가 가득해 골라 먹는 재미가 쏠쏠했다. 특히 우엉볶음 샌드위치는 생각도 못한 조합이었지만 꽤 맛있었다. 자가배전을 하는 곳인 만큼 커피도 평균 이상이었다. 부드러운 커피 한 모금 그리고 샌드위치 한입. 비로소 잠에서 깨는 것 같았다. 샌드위치 바이킹에서 든든하게 배를 채우고 하루를 시작할 활력 넘치는 에너지를 얻는 건 어떨까.

주소 오이타현 벳푸시 아오야마초7-58 아오야마빌딩 1층(大分県 別府市 青山町7-58 青山ビル 1F) | **영업시간** 9:00~17:00(L.O. 16:30) | **정기휴일** 매주 화요일 | **대표메뉴** 샌드위치 바이킹(1080엔, 9:00~14:00 한정), 케이크 세트(850엔), 아오야마 블렌드 커피(500엔) | **전화번호** 0977-25-8098

마음을 데우는 찻집, 티룸 코지 코너

티룸 코지 코너ティールーム コージーコーナー는 홍차 전문점으로, 이름처럼 카운터 좌석 다섯 개가 전부인 모퉁이의 작고 아늑한 공간이다. 공간은 작지만 22종 이상의 홍차를 다루는 본격적인 티룸이다. 주인은 예상 외로 푸근한 인상의 중년 남성이었는데, 주인 무라타

니 씨는 취미로 두기에 아까운 홍차와 베이킹 실력을 발휘하고자 가게를 열었다고 한다.

가게의 최고 인기 홍차인 '마르코 폴로' 한 잔과 함께 무라타니 씨와 이야기를 나누며 즐거운 시간을 보냈다. 단골손님 대부분이 그를 만나기 위해 찾아온다고 하는데, 그 이유를 알 것 같았다. 이곳은 계절 과일을 듬뿍 넣어 만드는 디저트도 유명하다고 하니 차와 함께 곁들여보자. 온천과 홍차, 전혀 관계없을 것 같지만 둘 다 마음을 따뜻하게 데워준다는 점에서는 통하는 게 아닐까 하는 생각이 들 만큼 기분 좋은 시간이었다. 향긋한 홍차와 함께 쉬어가고 싶다면 이곳을 추천한다.

주소 오이타현 벳푸시 모토마치3-2(大分県 別府市 元町3-2) | **영업시간** 12:30~15:30, 17:30~21:30 | **정기휴일** 매주 화요일 | **대표메뉴** 지역별 홍차(380~450엔), 블렌드 홍차(400엔), 차이(500~550엔), 가향 홍차(380~450엔), 플레인 스콘(230엔), 복숭아 타르트(420엔, 기간한정) | **전화번호** 0977-75-8187

부지런한 아침의 작은 기쁨, 도모나가 팡야

도모나가 팡야友永パン屋는 1916년 개업한 이래 현지인은 물론이고 관광객에게도 사랑받는 지역 명소다. 이른 아침부터 빵을 사기 위해 몰려드는 사람들로 언제나 문전성시를 이룬다. 이곳의 빵은 소박하기 그지없다. 팥빵, 크림빵 등 약 스무 가지의 옛날식 빵을 판매한다. 가격도 꽤 저렴하다.

인기 메뉴인 버터 프랑스는 이름에 걸맞게 버터 향이 향긋하고 풍미 가득한 빵이었다. 투박한 겉모습에 반신반의

했지만, 한입 베어 물자 달콤한 설탕 코팅과 빵에 촉촉하게 스며든 버터의 조화가 입안 가득 퍼져 단번에 "맛있다!"라는 소리가 절로 나왔다. 개운하게 온천에 다녀와 맛있는 빵으로 하루를 시작하니, 어쩐지 근사한 하루가 될 것 같은 기분 좋은 예감이 들었다. 이른 아침, 도모나가 팡야에 들러 자신에게 하루의 기분 좋은 에너지를 선물해보길 바란다.

주소 오이타현 벳푸시 지요마치2-29(大分県 別府市 千代町2-29) | **영업시간** 8:30~17:30 *매진 시 영업 종료 | **정기휴일** 매주 일요일 및 공휴일 | **대표메뉴** 버터 프랑스(110엔), 팥빵(90엔) | **전화번호** 0977-23-0969

온천 후 상쾌한 한 입, 제노바

온천 후라면 역시 차가운 음식이 제격이다. 젤라토를 판매하는 제노바GENOVA는 개업한 지 30년이 넘은 가게다. 오너 셰프 아베 히사노리 씨가 자신의 이름을 걸고 레시피 개발과 젤라토 생산까지 하는 곳이다. 매일 쇼케이스에는 스물여섯 가지 젤라토를 만나볼 수 있고, 계절에 따라 한정판 젤라토도 나온다. 그동안 가게에서 출시한 젤라토가 100종이 넘는다고 하니, 취향에 맞는 맛 하나쯤은 만날 수 있지 않을까. 젤라토를 고르고 나면, 친절한 셰프가 랜덤으로 다른 맛의 젤라토를 덤으로 얹어주는 푸짐한 인심도 느낄 수 있다.

차갑고 쫀득한 젤라토 한입을 먹는 순간, 이거야말로 벳푸에서 먹어야 하는 제일의 디저트라고 확신했다. 온천으로 달아올랐던 몸이 기분 좋게 식었다. 한줄기 산들바람을 닮은,

온천 후 상쾌한 한입이 필요하다면 제노바의 젤라토와 함께 쉬어가자. 온천 여행의 즐거움을 두 배로 만들어줄 것이다.

주소 오이타현 벳푸시 기타하마1초메10-5(大分県 別府市 北浜1丁目10-5) | **영업시간** 화~토요일 15:00~24:00, 일요일 15:00~22:00 | **정기휴일** 매주 월요일(공휴일인 경우는 다음날 휴무) | **대표메뉴** 젤라토 싱글콘(360엔~), 라지콘(410엔~) | **전화번호** 0977-22-6051

네번째 동네

개성 넘치는 온천이 가득한
하마와키 浜脇

♨

바닷가에서 온천이 솟아난다고 해서 '하마와키'로 이름 붙여진 이곳은 메이지시대 항구를 중심으로 유곽이 크게 발달했던 온천 마을이었다. 이제는 사람들이 북적이던 환락가는 사라지고, 저마다의 매력을 지닌 온천들이 사람들의 발길을 모은다. 곳곳마다 개성 넘치는 온천이 구석구석 숨어 있는 동네, 하마와키로 떠나보자.

차 한 잔에 온천을,

사보 다카사키노유

たかさき

주소 오이타현 벳푸시 아사미1초메2-11
(大分県 別府市 朝見1丁目2-11)
영업시간 10:00~17:00 | **정기휴일** 매주 화요일
찾아가기 미유키바시(御幸橋) 버스정류장에서 도보 5분
또는 벳푸역에서 도보 15분
입욕요금 차 또는 식사 주문 시 온천 무료 이용 가능(별도 이용 불가능)
시설정보 대야, 의자 있음
수질 단순 온천 | **영업형태** 카페

골목마다 공동 온천은 기본, 집에서도 온천이 흐르고, 극장에도, 경륜장에도 온천이 있는 도시, 벳푸. 웬만큼 특이한 온천은 다 가봤다고 생각했건만 그건 착각이었다. '사보 다카사키노유茶房 たかさきの湯'는 한국어로 옮기면 '다방 다카사키의 탕'이다. 이름에서도 알 수 있듯 이곳은 다방이다. 그런데 온천이기도 하다. 이를테면 이런 대화가 평범하게 오고간다.

"사장님, 온천 먼저 가도 될까요?"

"네, 지금 비어 있네요. 그럼 주문은 다녀와서 하시겠어요?"

"네, 부탁합니다!"

얼른 온천에 몸을 담그고 싶다고 생각하며 찻집에 막 들어서던 찰나, 코앞에서 그렇게 두 사람이 사라졌다. 한발 늦었다 싶어 아쉬웠지만, 괜찮다. 먹고 마시며 기다리면 된다. 찻집에서 차 한 잔만 마셔도 무료로 온천에 들어갈 수 있기 때문이다.

다른 이들처럼 차를 마실까 했지만 점심 무렵이라 식사를 주문했다. 이윽고 사장님이 물과 함께 내어준 것은 온천 스탬프였다. 사장님의 접객 실력이 보통이 아니라는 생각이 들었다. 온천 마니아를 알아보는 걸까. 하긴 이곳에 오는 사람들 열에 아홉은 온천이 목적일 테니 그럴 수밖에 없겠지.

비프카레는 여느 집밥 같은 푸근한 구석이 있었다. 그리 세련되다고 말할 수는 없지만, 정성이 듬뿍 담긴 요리를 대접받는 느낌이라 좋았다. 식사하는 동안, 앞서 온천에 들어갔던 두 사람이 내가 있는 테이블로 다가와 합석 양해를 구했다. 가벼운 눈인사를 건넨 순간, 손에 들린 후로 마라톤용 스파포트가 눈에 띄었다. 궁금함에 말을 건넸다. "후로 마라톤 참가 중이세요?"

벳푸에서 그리 멀지 않은 오이타시大分市에 살고 있다는 두 사람은 후로 마라톤 참가 중 이곳에 들렀다고 했다. 관심사가 같으니 대화가 꼬리에 꼬리를 물고 이어졌다. 좋았던 온천은 기본이고 한국 목욕탕에서 때 미는 법, 예상치 못한 김밥 속 재료 이야기까지 나눴다. 문득 주변을 둘러보니 수건을 목에 건 사람, 바가지를 든 사람들이 삼삼오오 모여 테이블마다 이야기를 나누고 있었다. 온천 마니아에게 인기 있는 카페 겸 온천의 풍경다웠다.

식사도 마치고, 즐거운 대화도 나눴겠다. 이제는 온천에 들어가볼까! 다행히도 온천이 비어 있다고 했다. 두 사람에게 작별 인사를 건네고, 목욕 가방을 챙겨 코 앞의 온천으로 향했다. 온천은 마당 한구석의 독립된 건물에 있었다.

의외로 본격적인 온천이 나타났다. 정성스럽게 만들어진 암석 탕, 아름다운 벽화, 반쯤 열린 창문 사이로 보이는 푸른 나무까지. 차 한 잔 값으로 들어가기가 미안할 정도로 깨끗하고 운치 있는 온천이었다. 흥분을 가라앉히지 못하고 곧장 온천으로 뛰어들었다.

탕 가득 흘러넘치는 온천수가 햇살을 받아 반짝거렸다. 한눈에 봐도 깨끗한 온천수였는데, 몸에 부드럽게 감겨 황홀했다. 게다가 온도에 맞춰 탕의 경계가 나뉘어 있었다. 뜨거운 곳에 몸을 담갔다가, 더울 때는 미지근한 곳으로 옮겨가며 느긋한 시간을 보냈다. 온몸에 온천의 기운이 차오르는 게 생생하게 느껴졌다. 혼자서 즐기는 사치스러운 시간에 몸과 마음을 모두 맡겼다.

사실, 찻집 온천은 사장님의 가족 전용 온천이었다고 한다. 좋은 온천을 나누고 싶은 마음으로 찻집을 열고, 기꺼이 온천의 문을 활짝 연 사장님이 새삼 대단해 보였다. 내게 이런 온천이 있다면 독차지하고 싶은 마음에 쉽사리 다른 이에게 내어주지 못할 것 같은데……. 그 넉넉한 마

음과 온천을 향한 사랑에 깊이 감동할 수밖에 없었다.

온천을 마치고 나와 카페 곳곳을 둘러봤다. 한쪽 구석에 있는 테이블에 온천에 관한 각종 책자와 전단이 보기 좋게 놓여 있었다. 그러다 우연히 발견한 건, 지난 벳푸 여행 때 품절로 구매하지 못했던 벳푸 온천 명인에 관한 책! 벳푸 시내 어느 서점에서도 구할 수 없었던 책이 여기 있다니. 과연 벳푸 온천 마니아의 사랑방다웠다. 기쁜 마음으로 책을 구매하고 자리를 떠나는 내게 사장님이 활짝 웃으며, 어색하지만 또박또박 힘을 실은 한국어로 화답해주었다.

"안녕히 가세요."

그리고 멀리 사라지는 나에게, 끝까지 손을 크게 흔들어 인사를 건넸다. 나도 찻집이 보이지 않을 때까지 멀리서 오래 손을 흔들었다. 온천 명

인이 되고 나면, 언젠가 다시 와야지. 그때는 들어갈 때부터 손을 흔들며 인사해야지. 언젠가 찻집으로 향하는 내 모습이 눈앞에 그려져, 싱긋이 미소를 머금었다.

반다이는 사랑을 싣고

스미요시 온천

주소 오이타현 벳푸시 마쓰바라초18-23
(大分県 別府市 松原町18-23)
영업시간 16:00~22:45, 연중무휴
찾아가기 유토피아하마와키(湯都ピア浜脇) 버스정류장에서 도보 3분
또는 히가시벳푸역에서 도보 7분
입욕요금 200엔 | **시설정보** 대야, 의자 있음
수질 단순 온천 | **영업형태** 공동 온천

퀴즈 하나. 온천에서 가장 먼저 만나는 사람은 누구일까? 힌트 하나, 온천에서는 누구보다 믿음직스러운 사람. 힌트 둘, 사람들을 맞이하고 요금을 계산하며 온천 구석구석을 관리하는 최전선의 자리.

정답은 반다이番代다. 반다이는 온천이나 목욕탕에서 요금을 받는 관리인 또는 공간을 말한다. 온천에 갈 때마다 마주하지만, 존재감은 희미하다. 그저 지나칠 뿐이니까. 그래서 반다이를 눈여겨본 적이 거의 없었다. 스미요시 온천住吉温泉을 만나기 전까지는.

후로 마라톤 둘째 날 저녁이었다. 어둠이 내린 골목에서 홀로 환히 불을 켠 온천을 발견했다. 성큼성큼 걸음을 옮겨 들어갔다. 흔치 않게 젊은 청년이 자리를 지키고 있었다. "안녕하세요, 한 명이요"라고 말하고 요금 200엔을 건넸다. 그랬더니 "후로 마라톤 풀코스예요?" 하고 물어왔다. 후로 마라톤 대야를 본 모양이었다. "네, 풀코스 도전 중이에요." 여기까지는 흔한 대화였다. 그런데 청년이 무어라 말하기 시작했다. 문제는 내 짧은 일본어 때문에 '하우아유, 아임파인, 앤드유'처럼 정해진 스크립트를 벗어나면 대화가 불가능하다는 거였다. 별수 없이 멋쩍은 얼굴로 사과를 하고 안으로 들어갔다.

온천은 사람들로 북적였다. 할머니와 아주머니들은 각자 몸을 씻느라 분주했다. 온천에 들어왔음을 신고하듯 인사하고 자리를 잡았다. 후로 마라톤 바가지를 꺼내 '종일 씻는 중'이라는 무언의 메시지를 남겼다. 비누로 더 씻었다간 피부가 탈이 날 것 같았기 때문이다. 탕은 칸막이를 기

준으로 입구에 가까운 쪽이 열탕, 안쪽이 온탕이었다. 온탕도 무척 뜨거웠다. 수도꼭지를 틀고 물을 섞을 시간도 없어 바로 몸을 헹구고 탕으로 들어갔다. 오늘의 열번째 입욕이라 온천이 지긋지긋할 법도 한데, 희한하게도 몸을 담그니 쌓인 피로가 풀리는 것 같았다.

물에 잠겨 있으니, 문득 아까 청년이 건넸던 말이 무엇이었는지 궁금해졌다. 뭔가 알아들은 단어가 있긴 했는데. 반… 뭐였는데. 한참을 되새김질한 끝에 머릿속에 전구가 켜진 듯 반짝하고 단어가 떠올랐다. '반다이!' 직감적으로 중요한 단서를 찾았다고 확신했다.

기쁜 마음에 온천을 끝내고 바로 바깥으로 나갔다. 그리고 조심스럽게 말을 걸었다. "저, 아까, 반다이……?" 그랬더니, "네. 반다이!"라고 대답하는 거였다. 반다이가 어쨌다는 거지? 눈을 동그랗게 뜨고 있으니

"여기 옛날 반다이의 모습이 그대로 남아 있는 온천이에요"라고 영어와 일본어를 섞어가며 설명을 해주는 거였다. 옛 반다이가 뭔지는 어렴풋이 알고 있었다. 과거에 반다이는 온천 관리를 위해 남탕과 여탕을 모두 조망하는 구조로 지어지는 게 일반적이었다. 하지만 시대가 변해 반다이는 대부분 카운터 구조로 바뀌었다. 그렇기에 옛 모습 그대로 남아 있는 반다이는 단 한 번도 본 적이 없었다. 자연스럽게 격한 반응을 보이고 말았다. "우와! 진짜요?" 그러자 청년은 뜬금없는 제안을 했다. "반다이에 들어와보실래요?" 그러더니 그 자리에서 일어나 밖으로 나오는 것이었다.

'나도 물려받을 온천이 있다면 좋겠다'라고 우스갯소리를 하긴 했지만, 이렇게 갑작스러운 직업 체험이라니, 당황스러운 표정을 지으면서도 발걸음은 자연스럽게 반다이 쪽으로 향했다. "실례합니다." 초면의 반다이에게 정중하게 인사를 하고 안으로 들어갔다.

반다이는 그야말로 초미니 사이즈. 한 평이 채 될까 말까 했다. 안으로 들어가니 바깥에서는 도무지 알 수 없는 작은 디테일이 보였다. 작은 나무 선반 위의 메모지, 볼펜, 온천 스탬프, 요금함, 텔레비전, 달력, 벽시계, 거울, 선풍기, 충전기, 구석에 개켜둔 담요, 바가지, 수건 등. 한참을 두리번거리며 구경하니 청년이 온천 방향의 창문을 손가락으로 가리키며 말했다. "안에 들여다봐도 돼요." 나란히 창문 두 개가 있었는데, 오른쪽은 천으로 완전히 가려져 있었다. 생각해보니 오른쪽이 여탕이어서 그런 것 같았다. 그럼 남탕을 보란 건가? 굳이 보고 싶지는 않았지만, 언제

이런 경험을 해보겠나 싶어 살짝 들여다봤다. 예상대로 별 볼 일 없었지만, 반다이에서 남탕을 본 것 자체로 재미있었다. 관리인이 된 것처럼 자리를 지키고 있자니 상황이 우습기도 하고 히죽히죽 웃음이 나왔다. 그리고 빨갛게 달아오른 얼굴로 기념사진도 남겼다. 잠시 후 손님 발소리가 들려 후다닥 자리에서 일어났다. 다시 없을 재미난 시간이었다.

청년은 스미요시 온천이 어떤 곳인지 알려주기도 했다. 1956년에 문을 열었고, 2016년 11월 경영이 어려워져 문을 닫았다는 것. 이후 벳푸팔탕 온천도 명인회와 지역 주민들이 모금 활동을 펼친 끝에 2017년 5월에 영업을 재개했다는 것. 자신은 온천 주인이 아니라 명인회 회원으로 반다이를 지키고 온천을 관리한다는 것까지 말이다.

온천이 사라지는 건 안타깝지만 어쩔 수 없다고 생각했다. 그런데 온천을 살리기 위해 기꺼이 노력하는 사람들이 있다는 사실이 놀라웠다.

스미요시 온천의 반다이는 사람들의 마음을 이어온 더없이 소중한 자리였던 것이다. 반다이가 실어 나른 사랑 덕분에, 오늘도 온천은 환하게 불을 밝히고 사람들을 맞을 것이다. 그 따뜻한 마음이 담긴 물에 언제고 잠길 날을 기대한다.

매일
새롭게 태어나는,

마쓰바라 온천

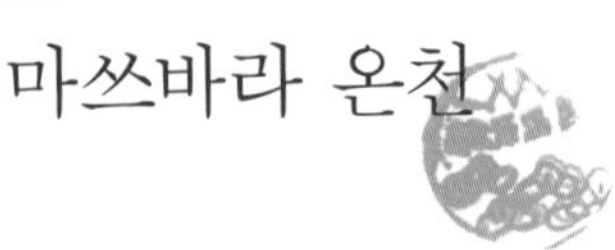

주소 오이타현 벳푸시 마쓰바라초3-4
(大分県 別府市 松原町3-4)

영업시간 6:30~12:00, 15:00~23:00, 연중무휴

찾아가기 나게시온센마에(永石温泉前) 버스정류장에서 도보 3분
또는 히가시벳푸역에서 도보 5분

입욕요금 100엔 | **시설정보** 대야, 의자 있음

수질 탄산수소염천 | **영업형태** 공동 온천

나는 아침이 싫었다. 출근을 위해 일어나고 잠드는 일상, 하루를 새롭게 여기는 마음은 사라진 지 오래였다. 지켜야 하는 시간, 해내야 하는 업무를 떠나 좋아하는 것에 몰두하고 싶었다. 그래서 온천 명인이 되겠다고 여기까지 온 거였다.

며칠은 퍽 좋았다. 새벽 공기를 가르며 온천에 가고 다음날 아침을 기다리며 잠들었다. 그런데 새벽 온천이 아침 온천으로, 아침 온천이 아점 온천으로 바뀌는 데는 오랜 시간이 걸리지 않았다. 익숙해진다는 건 그런 걸까? 실망스러웠다. 그렇게 온천 수행의 길에서 방황하고 있을 때, 마쓰바라 온천松原温泉을 만났다. 그날은 아침도 거르고 온천으로 향했다. 눈을 떴을 때는 이미 오전 열시. 부랴부랴 목욕 가방을 챙겨 나섰다. 첫 온천으로 생각해두었던 마쓰바라 온천은 브레이크 타임이 있기 때문이다. 온천을 정비하기 위해서 정오부터 오후 세시 사이에는 영업하지 않는다. 공동 온천 중에는 종종 이렇게 휴식 시간을 갖는 곳이 있다고 듣기는 했지만, 실제로 경험하는 것은 이번이 처음이었다.

이미 여러 번 경험한 공동 온천이니 새 온천에 대한 큰 기대는 없었다. 숙소를 나와 10분 정도 걸었을 때쯤, 자칫 지나칠 수도 있을 만큼 평범한 건물이 나타났다. 1층에는 온천, 2층에는 공민관이 있는 콘크리트 건물이었다. 온천 입구는

문이랄 것도 없이 가림 천이 전부였다. 아침에 한바탕 손님이 다녀갔는지 조용한 기운만이 감돌았다. 주인장에게 인사를 건네고 주머니를 뒤적거려 100엔을 냈다. 그리고 거침없이 천을 젖혀 안으로 들어갔다. 여느 온천과 비슷하겠거니 생각하면서……. 그런데 전혀 상상하지도 못한 풍경이 눈앞에 펼쳐졌다. 아침의 분주함이 썰물처럼 빠져나가고 고요가 가라앉은 시간, 햇살을 머금어 반짝이는 온천의 모습에 잠시 말을 잃고 우두커니 서 있었다.

이상한 일이었다. 그저 평범한 공동 온천이었는데, 절경이 펼쳐지는 자연 속 온천도 아닌데 첫눈에 담은 풍경이 오래도록 마음에 남았다. 둥근 탕에 온천수가 찰랑찰랑 차오른 모습은 단정하고 기품 있으면서도 생기 넘치는 사람 같았다. 아무런 기대 없던 마음에 호기심이 일었다.

투명하면서도 초록빛이 감도는 온천수는 깨끗했다. 갓 끌어올려진 온천수는 원천 그대로 파이프를 지나 탕으로 흘러내렸다. 높고 큰 창 덕분에 따사로운 햇살이 투명한 물결 위로 내려앉았다. 물과 빛이 만드는 빛깔과 무늬는 그 자체로 아름다운 풍경이 되어 마음을 건드렸다. 하염없이 잠기고 싶은 아름다움이었다. 눈을 감고 가만히 물결에 몸을 맡겼다.

대체 이 아름다움은 뭘까. 이렇게 낡은 온천에서 아름다움을 느꼈다는 게 이해가 가질 않아서, 몸을 일으켜 천천히 온천 구석구석을 둘러봤다. 벽에는 입욕자 주의사항이 걸려 있었다. 요즘 보기 드문 손글씨에 멋진 필체였다. 온천 결정이 촘촘히 쌓인 탕의 둘레나 여기저기 덧댄 흔적

멋진 필체로 적혀 있는 입욕자 주의사항과 탕 둘레에 쌓인 온천 결정이 세월의 흔적을 보여준다. 물과 빛이 만드는 빛깔과 무늬는 그 자체로 아름다운 풍경이 되어 마음을 건드렸다.

이 보이는 구조물에서도 세월이 느껴졌다. 그렇다 하더라도 특별할 것 없는 보통의 공동 온천에 불과했다. 그런데 이상하게도 좀처럼 지루하지 않았고 오히려 새로웠다. 왜일까?

시간이 켜켜이 내려앉은 이곳에서 유일하게 새로운 것이라면, 온천수인가. 생각이 거기에 미치자 비로소 보였다. 세상이 변하는 동안에도 늘 같은 자리에서 사람들을 맞이했을 온천의 풍경이. 온천은 항상 새로운 모습으로 오늘을 맞이한다. 그 당연한 사실이 익숙해서 잊었을 뿐이었다. 매일 새로 태어나는 물, 그게 마쓰바라 온천에 깃든 아름다움의 비밀이었다.

입욕을 마치고 스파포트에 도장을 찍었다. 도장들을 보니 다녀온 온천들이 떠올랐다. 모두 저마다 특별했다. 그렇다면 마쓰바라 온천의 특별함은 뭘까. 분명 아름다웠는데, 뭐라 설명해야 좋을지 모르겠다. 고민 끝에 나는 그것을 '성실함의 이데아'라고 정의 내렸다. 긴 세월, 성실하게 매일의 시간을 보낸 온천만이 지닐 수 있는 단단한 아름다움. 그것이 내가 생각한 마쓰바라 온천의 특별함이었다.

매일을 산다는 건 자신을 잃어가는 것이라고 생각했다. 하지만 마쓰바라 온천은 전혀 다른 말을 걸어왔다. 주어진 삶을 살아가는 것만으로도 강해질 수 있다고, 매일은 새롭게 도착하니까 언제든 다시 시작하면 된다고. 세상에 온천에게 이렇게 위로를 받는 사람도 있을까. 엉뚱해서 웃음이 절로 났다. 매일 새로 태어나는 물처럼, 꾸준하고 새로운 마음으로 온천을 좋아해야지. 그렇게 매일을 맞이해야지.

뜨거운 물의 교훈,

히노데 온천

주소 오이타현 벳푸시 하마마치22-10
(大分県 別府市 浜町22-10)
영업시간 6:30~12:00, 14:30~24:00, 연중무휴
찾아가기 유토피아하마와키(湯都ピア浜脇) 버스정류장에서 도보 6분
또는 히가시벳푸역에서 도보 7분
입욕요금 100엔 | **시설정보** 대야, 의자 있음
수질 단순 온천 | **영업형태** 공동 온천

모든 사고는 방심하는 순간 벌어진다고 했던가. 배울 만큼 다 배웠다고 자만한 순간, 겸손의 미덕을 가르쳐준 온천이 있다. 뜨거운 물을 다루는 법은 무궁무진하다는 것, 아직도 내가 모르는 온천이 참 많다는 걸 히노데 온천日の出温泉에서 두 번이나 배웠다.

그날은 제법 늦은 밤이었다. 후로 마라톤에서 가장 긴 일정을 소화하느라 지친 날. 히노데 온천은 드물게도 자정까지 영업하는 곳이라 가장 마지막 일정으로 잡아두었다. 열세번째 온천. 들어가면서 다짐하지 않을 수 없었다. 마지막이니 온천에 몸을 푹 담그자. 온천에서 쌓인 피로를 또 몸을 담그면서 풀다니 이게 무슨 소린가 싶겠지만 진심으로 온천에서 쉬고 싶었다.

밤이 깊었는데도 온천 안은 사람들로 가득했다. 들어서자마자 누군가와 눈이 마주쳤다. 어라? 벳푸 여행 때마다 들르는 기념품가게의 사토코 씨였다. 둘 다 눈이 동그래졌다. 알몸이라는 것도 잊은 채 반갑게 인사를 나누었다. 사토코 씨는 매일 저녁 스미요시 온천에 가는데, 마침 다른 곳에 가볼까 해 오늘 처음으로 이곳에 온 거라고 했다. 그런데 이렇게 마주치다니. 이방인이 아니라 현지인이 된 것 같은 묘한 기분마저 들었다.

짧은 대화를 끝내고 이제 목욕을 할 차례, 별생각 없이 탕의 물을 퍼서 몸에 끼얹었다. 그런데 온몸이 따갑고 아팠다. 이게 무슨 일이지? 탕에 있는 물을 길어서 몸에 부었는데, 사람들이 나를 보고 경악하고 말았

다. 사토코 씨가 "엄청 뜨거울 텐데! 괜찮아요?"라며 물어왔다. 아픔보다 부끄러움이 앞섰기에 괜찮다는 말만 연신 반복했다. 아주머니 한 분이 일러주기를, 탕 안에 설치된 칸막이를 기준으로 넓은 쪽 물만 쓰는 거라고 했다. 혼란스러웠다. 보통 탕 안의 물은 어느 쪽이든 다 쓸 수 있는 거 아닌가? 어리둥절했지만 사람들을 관찰하니 모두 넓은 쪽에만 모여 있었다. 왜 그런지 정확히 알 수 없었지만, 더 묻지 않았다. 그저 조용히 몸을 씻고 급히 나왔다. 뜨거운 물에 데인 충격으로 탕에 들어갈 엄두가 나지 않았다. 휴식은 수포로 돌아갔다.

두번째 방문이었다. 제대로 몸을 담그지 못한 게 아쉬워 다시 걸음했다. 이번에는 탕에 들어가자마자 구조부터 유심히 살폈다. 그리고 단서를 발견했다. 탕 칸막이의 모양이 보통의 것과는 달랐다. 비닐 같은 소재로 윗부분에 동그란 구멍이 나 있었다. 처음 보는 칸막이였다. 왜 이런 구조인 걸까? 탕 안에 아주머니 한 분이 계셨지만, 질문을 던질 용기가 나지 않았다. 대신 아주머니 행동을 유심히 관찰했다. 벽 쪽에 따로 담긴 물로 몸을 헹구는 모습에 호기심이 생겼다. 나도 따라해 봐야지. 대야를 들어 물을 펐다. 먼저 발부터 살짝 헹굴까. 곧장 발에 물을 끼얹었다. 옆에서 비명이 날아들었다. "안 돼!"

그대로 굳어버렸다. 너무 뜨거워서 발이 활활 타는 것 같았다. 목욕을 마치고 나가려던 아주머니가 곁으로 다가와선 아연실색한 얼굴로 물어왔다. "괜찮아요?" 어안이 벙벙해 있자 "어디에서 왔어요?"라고 묻는 거였다. 한국에서 여행을 왔다고 하니, 그제야 이해가 된다는 표정으로 말

을 이었다. "거기 유구치湯口에요. 온천수가 나오는 입구요. 엄청 뜨거운 물이라 찬물을 꼭 섞어 써야 해요. 가르쳐줄 걸 그랬네." 아주머니는 이어서 설명을 해주었다. "유구치에 물이 모여 있는 건 필요하면 따로 쓰려고 모아둔 거예요. 찬물을 섞으면 원하는 대로 쓸 수 있으니까. 그리고 칸막이에 조그만 구멍이 있는 건 뜨거운 물을 조금씩만 흘려서 온도 조절을 하려고 만든 거예요. 여기 물 뜨겁기로 유명하거든요."

그제야 이유를 알 수 있었다. 원천을 탕에 그대로 흘리기 때문에 유구치에서 가까운, 좁은 칸의 물은 아주 뜨겁고, 넓은 쪽은 덜 뜨거웠던 것이다. 뜨거운 물이 칸막이에 뚫린 작은 구멍을 타고 넓은 쪽까지 서서히 흐르도록 하는 원리였다. 또 유구치에서 흐르는 물을 모아두는 겐센마스源泉升는 깨끗한 원천을 상황에 따라 다양한 온도로 사용할 수 있게끔

만든 것이었다. 참고로 이곳의 원천 온도는 62도 정도라고 한다.

가르침을 준 아주머니께 감사 인사를 전하고, 한동안 혼자 앉아서 이곳에서 있었던 일들을 다시 생각해보았다. 온천 명인 달성을 목전에 앞두고 웬만한 온천에 대해서는 다 안다고 생각했는데 아니었다. 내 자만심에 당했으니 누구를 원망하랴. 내가 할 수 있는 건 오늘을 잘 기억하고, 누군가 온천 명인에 도전하더라도 나와 같은 실수를 하지 않도록 기록하는 일뿐. 뜨거운 물에서 제대로 교훈을 얻었다. 그러니, 누군가 히노데 온천에 간다면 두 가지를 꼭 전하고 싶다.

"유구치를 조심하세요. 그리고 모든 온천에는 저마다의 시스템이 있다는 걸 기억하세요. 뜨거운 물은 잘 다루면 얼마든지 즐거우니까요."

기념품 구입하기

온천에서의 즐거운 기억을 오래도록 간직하고 싶다면 기념품을 사러 가보자. 많고 많은 기념품 중 온천을 테마로 소장가치가 있는 기념품과 판매처를 소개한다.

온천 탐방의 필수품, 벳푸 타월

온천 도시 벳푸를 탐방한다면 수건은 필수 아이템이다. 온천 대부분은 수건을 비싼 값에 대여하거나 판매하기 때문이다. 그러니 이왕 수건을 준비한다면 벳푸에서만 판매하는 '벳푸 타월別府タオル'로 가자.

벳푸 타월 본점은 사무실 겸 판매점이라 상점가에 있지 않다. 게다가 비치된 수건은 벳푸역을 비롯해 여러 판매처에서도 살 수 있는 것들이다. 그럼에도 굳이 본점을 소개하는 이유는 위탁 판매처보다 다양한 상품을 만나볼 수 있고 2대째 가업을 이어오고 있는 온천 명인 겐지 오쿠보 씨의 친절한 응대 때문이다.

가게에는 히트 상품인 '레트로 타월'을 중심으로 다양한 수건들이 진열되어 있다.

레트로 타월은 1960년대에 실제 수건에 인쇄되던 도안을 복각해 제작한 것으로, 귀여운 그림이 그려져 있고 가격도 저렴해 선물용으로도 인기가 많다. 나도 수건에 새겨진 귀여운 그림에 반해 소장용과 선물용으로 잔뜩 구매했다. 그밖에 벳푸팔탕 기념 수건이나 손수건, 가제 수건 등 다양한 상품도 마련되어 있으니 취향에 맞춰 골라보자.

쇼핑 중 궁금한 게 있다면 주저하지 말고 사장님에게 물어보자. 매주 한국어 수업을 들으며 열혈 공부 중인 사장님이 한국어로 친절하게 답변해줄 것이다. 벳푸 온천에 대해 궁금한 점이 있다면 물어봐도 좋다. 벳푸 사람이라면 매일 온천에 가야 한다는 신조를 충실히 지켜오고 있는 온천 명인이니까 말이다.

주소 오이타현 벳푸시 히카리마치9-15(大分県 別府市 光町9-15) | **영업시간** 9:00~18:00 | **정기휴일** 일요일, 공휴일 | **대표상품** 레트로 타월(350엔), 벳푸팔탕 타월(500엔), 데누구이(일본 전통 손수건, 300~500엔) | **전화번호** 0977-22-0902

벳푸의 세련된 컬렉션, 셀렉트 벳푸

벳푸의 비영리단체 '벳푸 프로젝트'에서 100년이 훌쩍 넘은 민가를 개조해 만든 상점 '셀렉트 벳푸SELECT BEPPU'. 이곳은 지역을 응원하고 널리 알리기 위해 오이타현과 벳푸 기반의 기업, 지역 작가의 상품만을 취급하는 일종의 편집숍이자 복합문화공간이다. 그렇기에 다른 기념품가게와는 차별화되는, 벳푸만의 특별한 기념품을 한자리에서 만나볼 수 있다.

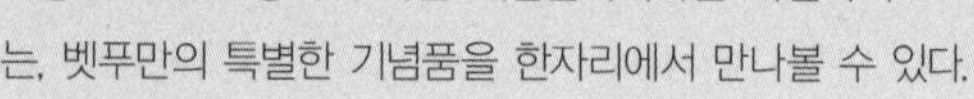

작게는 엽서, 배지, 에코백, 티셔츠는 물론이고, 벳푸에서 활동하는 작가와 장인이 만든 다양한 종류의 공예품, 이곳에서만 구매할 수 있는 한정 발매품 등 개성 넘치고 희소가치 높은 상품들의 컬렉션이 펼쳐진다. 또한 2층은 전시 공간으로 리노베이션 당시 아트 프로젝트에 참여했던 작가들의 작품과 도록을 만나볼 수도 있다.

나는 '온천 덕후'답게 온천을 주제로 한 상품들을 골랐다. 벳푸 온천에서 나고 자랐다는 캐릭터 '유미짱湯美ちゃん'이 그려진 기념엽서와 에코백, 티셔츠가 마음에 들었다. 파랑과 은색의 조화로 세련되게 뽑아낸 온천 마크 핀 배지도 구입 완료. 구입한 물건을

걸치고 활보하자 세상에 둘도 없는 '온천 덕후'처럼 보이는 것이 마음에 들었다. 이곳에서라면 벳푸의 추억이 담긴 특별한 기념품을 만날 수 있을 것이다.

주소 오이타현 벳푸시 주오마치9-34(大分県 別府市 中央町9-34) | **영업시간** 11:00~18:00 | **정기휴일** 매주 화요일(공휴일인 경우 다음날 휴무) | **대표상품** 온천 마크 핀 배지(324엔), 벳푸 엽서세트(500엔), 유미짱 에코백(1800엔), 한정판 손수건(1950엔), 기념 티셔츠(2500~3780엔) 등 | **전화번호** 0977-80-7226 | **홈페이지** select-beppu.thebase.in

죽세공품 보물 창고, 후쿠쓰케도

목욕 가방이라고 하면 플라스틱 바구니를 떠올리겠지만, 내게는 특별한 로망이 있었다. 유카타 차림에 어울릴 법한 대나무 목욕 바구니인 '유카고湯かご'가 꼭 갖고 싶었다. 유카고는 전통 목욕 바구니로, 대나무로 만들어져 습기에 강하고 질긴 것이 특징. 온천 도시 벳푸라면 어디서든 하나쯤 쉽게 구할 수 있을 줄 알았건만, 요즘에는 잘 사용

하지 않아서 그런지 생각보다 찾기가 어려웠다. 그러던 어느 날 아케이드를 걷다가 우연히 대나무 공예품을 발견하곤 들어갔다. 그리고 그토록 찾던 유카고를 60년 역사의 벳푸 죽세공품가게 후쿠쓰케도福助堂에서 만났다.

후쿠쓰케도에서는 유카고를 비롯해 수백 가지의 다양한 죽세공품을 판매하는데, 장인들이 생산한 품목이라 정교하고 다른 상점들에 비해 비교적 가격도 저렴하다. 대나무로 만든 젓가락이나 찻잔 받침, 바구니, 귀여운 비녀나 장난감, 한눈에도 범상치 않아 보이는 화려한 화병이나 인테리어 소품도 있다. 노부부 사장님은 구석구석에서 물건을 꺼내와 소개해주고 골라주기도 했다. 우연히 들른 가게에서 보석 같은 물건들을 만난 즐거운 쇼핑 시간이었다.

벳푸 죽세공은 온천 번영의 역사와 함께 성장해왔다. 에도시대, 탕치객들에게 인기 있던 대나무 바구니에서부터 시작해 오늘날까지 발전해 온 벳푸 죽세공이 궁금하다면, 혹은 대나무로 된 생활용품과 기념품을 찾고 있다면 후쿠쓰케도에 들러보자.

주소 오이타현 벳푸시 모토마치6–19(大分県 別府市 元町6–19) | **영업시간** 9:30~19:30, 연중무휴 | **대표상품** 대나무 수저류(300~500엔), 대나무 찻잔 받침(150~350엔), 대나무 가방(1500~3000엔), 대나무 목욕 바구니(2850~5950엔) | **전화번호** 0977–23–3058

"집으로 온천을 데려갑니다" 벳푸역 내 기념품 상점

온천 덕후의 기념품이라면 역시 온천 입욕제와 비누가 아닐까? 온천을 집에서도 즐기고 싶다는 마음은, 단단히 온천에 빠졌다는 증거니까. 온천 입욕제 판매처는 다양하지만, 가장 많은 상품을 한자리에서 손쉽게 만나볼 수 있는 곳은 벳푸역 내 기념품점이다.

온천 관련 상품을 취급하는 상점은 1층에 두 군데로, '벳푸 명품 창고別府銘品蔵'와 '봉 마루세ボン・マルセ'가 있다. 두 상점 모두 온천 입욕제와 비누, 화장품 등 다양한 제품을 갖추고 있으며 그밖에도 지옥 찜 푸딩이나 온천달걀 등 먹거리도 있다.

직접 사용하고 선물해본 것 중에서는 두 가지 제품을 추천하고 싶다. 먼저, 벳푸 특산품인 유노하나를 채취하여 만든 묘반 유노사토의 입욕제 약용유노하나薬用湯の花. 오리지널 묘반 온천의 상품으로 욕조에 넣기만 하면 묘반 온천을 즐길 수 있다는 점에서 단연코 1등 추천 제품이다. 그다음으로 추천하고 싶은 것은 바다 지옥의 입욕제 엔만노유えんまんの湯다. 급속 건조법으로 온천수를 분말로 만든 입욕제인데, 욕조에 풀면 물이 금세 바닷물을 닮은 푸른색으로 변해 기분 전환에도 그만이고 선물로도 제격이다. 그밖에도 온천수를 담아 만든 비누, 유노하나가 듬뿍 담긴 미스트 등 온천에 관련된 상품이 가득하니 취향에 맞게 골라보자.

주소 오이타현 벳푸시 에키마에초12-13 벳푸역 1층(大分県 別府市 駅前町12-13 別府駅 1F) | **영업시간** 벳푸 명품 창고 7:00~21:00 / 봉 마루세 8:00~21:00, 연중무휴 | **대표상품** 약용유노하나 7회분 세트(1080엔), 엔만노유 10회분 세트(1800엔), 극한의 토리텐 센베 세트(24개입 1404엔), 묘반 온천 오카모토야 지옥 찜 푸딩(260엔), 온천달걀 세트(9개입 1080엔) | **전화번호** 벳푸 명품 창고 0977-23-3653 / 봉 마루세 0977-73-9540

Eat

하마와키에서 먹기

벳푸 냉면의 일인자, 로쿠세이

벳푸 냉면 얘기를 처음 들었을 때는 믿을 수 없었다. 고기 육수에 메밀면, 고명으로 편육과 삶은 달걀 그리고 양배추김치까지 올라간다니. 한국식 냉면을 꼭 닮은 벳푸 냉면은 벳푸 향토 음식이다. 만주에서 건너온 한국인 요리사가 전파했다는 냉면은 그동안 벳푸에서 완벽하게 현지화되어 한국 냉면과는 전혀 다른 음식으로 발전했다. 심지가 느껴질 만큼 딱딱하고 우동 면발처럼 굵은 메밀면과 고명으로는 도통 쓰지 않는 잘게 썬 파, 그리고 간장 맛 육수 같은 것들이 이질적인 한편 그 나름의 합을 이룬다.

벳푸 냉면은 현재 여러 식당에서 선보이고 있지만, 그중에서도 로쿠세이六盛는 일인자로 알려진 곳이다. 처음 벳푸에서 냉면을 선보였던 원조 가게의 맛을 재현하기 위해 1대 사장이 수없이 연구한 끝에 오늘날의 로쿠세이 냉면이 탄생했다고 한다. 온천의 열기를 식혀줄 차가운 음식이어서 유독 벳푸에서 사랑받는 것일까? 시원한 벳푸 냉면의 맛이 궁금하다면 온천 후 방문해보자.

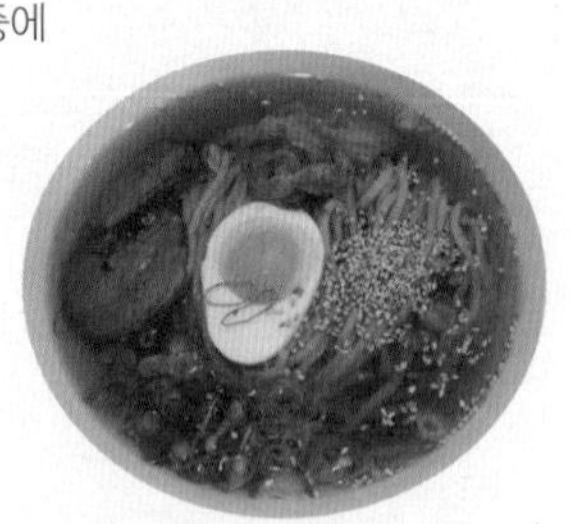

주소 오이타현 벳푸시 마쓰바라초7-17(大分県 別府市 松原町7-17) | **영업시간** 11:30~14:30, 18:00~20:30 | **정기휴일** 매주 수요일 | **대표메뉴** 냉면(750엔) | **전화번호** 0977-22-0445 | **홈페이지** www.6-sei.com

약수로 내린 커피, 사보 만타로

사보 만타로茶房 萬太郎는 하마와키의 명소인 아사미 신사 안에 있는 자그마한 찻집이다. 이곳이 유명한 건 전설 속 약수로 내린 커피를 맛볼 수 있기 때문. 옛날 옛적, 만타로라는 효자가 불치병에 걸린 아버지에게 매일 약수를 길어다 드렸더니 병이 씻은 듯 나았다는 이야기의 발상지다. 아무리 날이 가물어도 마르지 않고, 혼탁해지지도 않는다는 신비의 샘으로 내린 커피는 전설 때문인지 마시는 것만으로도 건강해지는 기분이었다. 주인장 이시자키 미야코 씨는 커피에 얽힌 이야기부터 시작해 벳푸의 갖가지 먹을거리며 볼거리에 관한 이야기를 들려주었다. 신사가 가진 특유의 고즈넉한 분위기에 친절한 주인장까지 만날 수 있는 사보 만타로. 아사미 신사를 거닐다 작은 휴식이 필요할 때 들러보자.

주소 오이타현 벳푸시 아사미2초메9(大分県 別府市 朝見2丁目9) | **영업시간** 10:00~16:00 | **정기휴일** 매주 화요일 | **대표메뉴** 커피(350엔), 식혜(350엔), 홍차(350엔), 카페오레(450엔) | **전화번호** 0977-21-1276

정겨운 참새 방앗간, 아라마키 상점

마쓰바라 온천 앞 마쓰바라 공원에 가면, 뭔가를 먹고 있는 사람을 한둘쯤 발견할 수 있다. 늦은 오후면 확률은 더욱 높아진다. 옛날 과자점 '아라마키 상점荒巻商店'의 유혹을 지나칠 수 없었을 테니 말이다. 쇼케이스에 빼곡하게 놓인 떡과 과자들을 보노라면 무엇을 먹을지 하염없이 고민하게 된다.

이곳의 베스트셀러는 고구마 찐빵인 '이시카키 모찌'와 달고 짭조름한 간장 맛의 '미타라시 당고'. 여름에는 추억의 아이스바도 인기라고 한다. 따로 먹고 갈 수 있는 공간은 없으니 날씨가 좋다면 마음에 드는 간식거리를 하나 사서 공원에서 먹기를 추천한다. 공원에서 당고 한입을 베어 물며 가게를 구경하니 참새 방앗간이 따로 없다. 가게 앞을 지나던 소녀가 들어갔다가 떡을 물고 나오고, 그 뒤에는 엄마 손을 잡고 온 꼬마가 달랑달랑 봉지를 들고 나오는 정겨운 풍경이 있는 곳. 마쓰바라 온천과 무척 가깝기에 함께 방문해도 좋다.

주소 오이타현 벳푸시 마쓰바라초1-15(大分県 別府市 松原町1-15) | **영업시간** 8:00~18:00 | **정기휴일** 매주 수요일 | **대표메뉴** 삼색 당고(90엔), 미타라시 당고(100엔), 이시카키 모찌(90엔), 아이스바(180엔) | **전화번호** 0977-23-2534

온천 명인들의 달콤한 사랑방, 고토리 카페

벳푸에서 온천 명인을 찾다 지쳤는가? 누군가와 온천에 관해 이야기를 나누고 싶은가? 그렇다면 고토리 카페コトリカフェ로 가자. 카페를 운영하는 야기 미치루 씨는 '벳푸팔탕 온천도 명인회' 부이사장으로 벳푸 온천 명인계의 마당발이다.(166쪽) 활발한 성격과 사교성으로 온천 사랑을 실천하고 있는 주인장 덕분에 카페는 늘 손님들로 북적인다.

만일 온천 명인에 도전하거나 벳푸 온천이 좋아서 여행하고 있다면, 반드시 고토리 카페에 들러보기를 권한다. 맛있는 디저트와 함께 온천이라는 공통분모로 모인 사람들과 작은 우정을 나누며 여행의 특별한 추억을 남기게 될지도 모를 일이니 말이다.

주소 오이타현 벳푸시 히카리마치6-14(大分県 別府市 光町6-14) | **영업시간** 12:00~18:00, 부정기 휴무 *인스타그램 @kotoricafe_beppu 참조 | **대표메뉴** 커피(400엔), 카페라테(500엔), 와플(750~800엔), 크레페(600~800엔) | **전화번호** 080-4652-9428

다섯번째 동네

벳푸를 한눈에,
간 카 이 지 觀海寺

♨

간카이지는 벳푸를 한눈에 내려다볼 수 있어 경치와 온천을 모두 즐기고 싶은 사람들이 즐겨 찾는 동네다. 말 그대로 '바다를 내려다보는(観海)' 이 동네는 아름다운 조망으로 인기가 많아 스기노이 호텔 등 유명 숙박시설이 대거 포진해 있다. 빼어난 경치와 함께 온천을 즐기는 기쁨을 만끽하고 싶다면, 간카이지로 떠나보자.

함께 즐기면 행복이 두 배

이치노이데 가이칸

주소 오이타현 벳푸시 가미하루초14-2(大分県 別府市 上原町14-2)
영업시간 평일 11:00~17:00(접수 마감 16:00),
주말 및 공휴일 10:00~17:00(접수 마감 16:00)
*시설 상황에 따라 부정기 휴무
찾아가기 운젠지바시(雲泉寺橋) 버스정류장에서 도보 8분
입욕요금 식사 시 온천 가능, 어른 1500엔,
어린이(초등생까지) 700엔, 3세 미만 무료
시설정보 대야 있음 *샤워 불가
수질 염화물천 | **영업형태** 외탕

온천 명인이 되는데 가장 중요한 건 뭘까? 처음에는 시간이라고 생각했다. 하지만 막상 다녀보니 무엇보다 중요한 것은 체력이었다. 온천 입욕에는 의외로 많은 에너지가 필요했다. 벳푸에 살며 하루에 한 군데씩 다닐 수 있으면 얼마나 좋을까. 하지만 이러쿵저러쿵 불평하는 건 시간 낭비일 뿐. 먹는 것을 소홀히 하지 않고 충분한 수면을 하는 것만이 답이었다. 그래서 이곳 이치노이데 가이칸いちのいで会館은 내게 꽤 매력적이었다. 밥을 먹어야만 온천을 할 수 있는 곳. 메뉴도 단 한 가지다. 누군가에게는 썩 내키지 않을 조건일지도 모르지만 금강산도 식후경이라는 말을 떠올리면 그리 나쁜 조건이 아니라 생각했다. 그리고 무엇보다도 끝내주는 코발트블루 온천이 있어 꼭 가고 싶었다.

이치노이데 가이칸은 대중교통으로 접근하기에 다소 어려운 위치에 있다. 간카이지 지역 자체가 고도가 높은 데다, 이런 곳에 온천이 있을까 하는 의심이 들 정도로 좁은 주택가 골목을 한참 올라가야 한다. 벳푸역에서 버스를 타고 운젠지바시 정류장에서 걸어 올라갔는데, 도착할 때쯤에는 거친 숨소리와 흐르는 땀방울 때문에 조금 민망하기도 했다.

걸어서 올라오느라 허기졌는지 점심 생각이 간절했다. 직원이 식사와 온천 중 어느 것을 먼저 할 것인지 묻자, 주저 없이 식사를 먼저 하겠다고 답했다. 이곳은 언제나 단 하나의 메뉴만 제공하는데 계절에 따라 다르다. 내가 방문한 10월의 메뉴는 '당고지루 정식'이었다. 당고지루는 우리의 수제비와 비슷한 음식으로 오이타현의 향토 요리다. 마침 먹어보고 싶

었던지라 반가웠다.

당고지루 정식은 주먹밥, 가라아게, 밑반찬 몇 가지에 당고지루가 나오는 제법 알찬 구성이었다. 당고지루는 국수처럼 기다란 면발이 인상적이었다. 일본 된장에 유자의 일종인 가보스かぼす를 넣어 상큼하고 깔끔한 국물 맛이 좋았다. 배가 불렀으니 이제 등이 따뜻할 차례. 드디어 코발트 블루의 아름다운 온천을 만난다는 생각에 들떴다.

이곳의 대욕장은 총 두 개. '게이칸노유景観の湯, 경관의 탕'와 '긴코노유金鉱の湯, 금광의 탕'인데, '경관의 탕'은 말 그대로 경치가 잘 보인다는 뜻이고, '금광의 탕'은 금광 터가 있어 붙여진 이름이라고 한다. 두 탕은 매일 남탕과 여탕으로 번갈아 바뀌니 원하는 대욕장이 있다면 확인 후 방문하는 것이 좋다. 내가 방문한 날은 게이칸노유가 여탕이었다. 탈의실은 의외

로 단출했다. 안에는 바구니가 전부. 온천에서 탈의실이 보이지 않기 때문에 귀중품은 로커에 따로 보관하기를 권한다. 옷을 잘 개켜두고 바깥으로 향했다.

게이칸노유는 벳푸만을 바라볼 수 있도록 설계된 대형 탕이 하나, 자연의 정취를 살린 암석 탕이 둘, 총 세 개의 탕이 있다. 하지만 안타깝게도 내가 방문한 날에는 파이프 고장으로 대형 탕이 비어 있었다. 대형 탕에 들어가 벳푸 시내를 한눈에 담고 싶었던지라 무척 아쉬웠다. 그래도 암석 탕의 푸른 온천수가 있으니 실망하기에는 아직 이르다. 난생처음 보는 아름다운 빛깔에 자석처럼 이끌려 가까이 다가갔다. 신기하게도 두 탕의 온천수 빛깔이 조금 달랐다. 진한 파랑과 연한 하늘빛 두 종류였다.

먼저 하늘색 탕부터 들어갔다. 뜨겁다기보다 따뜻했다. 겉으로 보기에

는 연했는데, 막상 몸을 담그니 물 안이 들여다보이지 않을 정도로 깊었다. 그다음은 진한 파란색 탕. 투명한 푸른빛 물 아래 흐느적거리는 몸이 비쳐 보일 정도로 맑았다. 그리고 조금 더 뜨거웠다. 그렇다면 분명 파란색 탕 쪽으로 원천이 공급되고 있을 거라는 생각이 들었다. 아니나 다를까, 파란색 탕 쪽으로 파이프가 연결되어 있었다. 그렇다면 왜 색이 다른 걸까? 후에 찾아보니 시간이 지날수록 온천수가 하늘색으로 변한다는 거였다. 즉, 색의 차이는 시간차를 두고 온천을 받았기 때문이었다.

비록 탕에서 바깥 경치를 볼 수는 없었지만, 시간에 따라 색이 변하는 신기한 온천수만으로도 특별한 경험이었다. 두 탕에 번갈아 몸을 담그며 푸른 온천수를 온몸으로 흡수했다. 맛있는 식사와 훌륭한 온천을 함께 즐기는 '배부르고 등 따신' 행복의 끝을 느꼈다.

탕 밖으로 나와 가을바람에 몸을 말리며 벳푸 시내 풍경을 감상했다. 그간 다녀왔던 온천을 떠올리며 풍경을 바라보니 재미있었다. '저쯤에 온천이 하나 있고, 그 너머에 또다른 온천이 있지.' 하나둘 떠오르는 기억 속에서 벳푸는 내게 어느새 각별한 도시가 되어버렸다.

맑고 향기로운 샘,

무카이바루 온천

주소 오이타현 벳푸시 미나미타테이시1082
(大分県 別府市 南立石1082)

영업시간 6:00~10:00, 12:00~23:00

찾아가기 이키메진자마에(生目神社前) 버스정류장에서 도보 2분

입욕요금 100엔 | **시설정보** 대야, 의자 있음

수질 단순 온천 | **영업형태** 공동 온천(무인)

믿기지 않겠지만 수많은 온천을 다니다보면 어느 순간 후각만으로 온천을 찾을 수 있는 때가 찾아온다. 습한 공기, 비누 내음 그리고 온천 특유의 향기 데이터가 차곡차곡 쌓이니 감각도 예민해지는 모양이다. 낯선 골목에서 헤맬 때 가장 강력한 단서는 냄새였고, 무카이바루 온천向原温泉을 찾을 때도 어김없이 그랬다.

무카이바루 온천은 간카이지 온천으로 분류되어 있지만 호리타 온천에서 꽤 가까워 걸어갈 수 있었다. 그런데 길이 복잡했고, 인적이 드물어 찾아가는 데 확신이 서질 않았다. 게다가 주룩주룩 내리는 빗속에서 우산까지 들고 있자니 지도를 살펴보기도 버거웠다. 일단 길을 따라 내려가면 될 것 같아 무작정 걸었다. 십여 분 정도 지났을까 어디선가 이상한 냄새가 콧등을 간지럽혔다. 습한 대기 가운데서 온천의 존재감이 뚜렷하게 느껴졌다. 걸음을 옮길수록 냄새가 강해졌다. 온천이 있는 게 확실했다. 골목이 끝나자마자 거짓말처럼 온천이 나타났다.

비와 수증기가 뒤섞인 흐릿한 풍경에서 마주한 온천은 마치 숲속의 작은 오두막 같았다. 하수도 구멍에서 뿜어져나오는 증기량이 보통이 아니었다. 이 정도면 분명 수질도 최고일거라는 또다른 확신이 들었다. 곧바로 온천으로 들어갔다.

온천은 아담했다. 옛모습을 간직한 탈의실은 지상에, 탕은 다섯 계단 정도 아래에 있었다. 이런 반지하 구조는 오래된 온천에서 볼 수 있는데, 당시 기술로 온천수를 지상까지 퍼올리기 힘들어 생겨났다고 한다. 1971

연분홍빛 타일과 청량한 파란 물빛의 조화가 감각적이다. 온천을 다니며 얻는 즐거움 중 하나는 바로 타일의 종류나 탕의 모양 등 디테일을 관찰하는 것.

년에 문을 열었으니 벌써 50여 년 전, 그럴 만했다.

그럼에도 불구하고 세월이 크게 느껴지지 않을 정도로 관리가 잘 되어 있었다. 탕은 최근에 리모델링을 한 것 같았는데, 타일에서 반짝반짝 윤이 날 정도였다. 연분홍빛 타일과 청량한 파란 물빛의 조화가 감각적이었다. 타일이나 탕의 모양 등 디테일을 관찰하는 것도 온천을 다니는 또다른 재미인데, 이곳은 딱 내 취향이라 즐거웠다.

온천수는 얼핏 보기에 약간 뿌옇게 보일 뿐 그다지 특별해 보이지 않았다. 하지만 반신반의하며 몸을 담근 순간, 알 수 있었다. 틀림없이 유황이다! 프로필에는 단순 온천이라고 소개되었지만, 은은하게 퍼지는 향기며 풍부한 유노하나가 그 증거였다. 아마도 유황 성분이 있기는 하나, 기준치에 못 미쳐 일반 온천으로 분류된 것이겠지. 그렇지만 이만하면 유황의 기운을 느끼기에 부족함이 없었다. 누군가가 미리 찬물을 더해두었는지 온도도 알맞았다. 향기, 온도, 수질, 분위기, 청결 등 모든 면에서 기대 이상이었다.

구수하면서도 포근한 온천 내음이 더없이 향긋했다. 아로마 테라피를 받는 기분이었다고 할까? 탕 가장자리에 머리를 두고 눈을 감은 채 한참을 잠겨 있었다. 맑은 물 가득히 떠 있는 유노하나를 조심스레 손으로 받아 몸 이곳저곳을 문지르기도 했다. 한동안 혼자서 온천을 즐겼다. 더없이 마음이 충만하고 고요해지는 시간이었다.

그 기분을 이어 온천 후에도 천천히 시간을 보냈다. 선풍기를 틀고,

귀여운 고양이 부채까지 구석에서 꺼내 달아오른 얼굴을 식혔다. 선풍기가 돌아가는 소리, 미지근한 바람, 차가운 물병에서 흐르는 물방울, 시원한 빗소리……. 초여름 온천에서만 느낄 수 있는 정취가 사랑스러웠다.

이윽고 문이 열리는 소리가 들렸다. 아주머니 한 분이 들어왔다. 아침도 점심도 아닌 애매한 때라 어떤 인사를 건네야 할지 몰라 머뭇거리자 아주머니가 먼저 "곤니치와"라며 점심 인사를 건넸다. 나도 웃으며 화답했다.

문득 온천 안에서 보았던, 멋진 필기체로 적혀 있던 문구 하나가 떠올랐다. '인사는 사람의 마음을 이어주는 다리あいさつは人の心を結ぶ橋.' '인사를 잘합시다'처럼 직접적인 문구보다도 더 마음에 와닿았다. 지그시 눈까지 감고 온천을 즐기는 아주머니를 방해할까 걱정되었지만, 그 문구가 떠올라 인사를 건네기로 했다. 놀라지 않게, 그러나 또렷하게 말했다. "먼저

실례합니다. 천천히 즐기세요." 마음이 전해졌을까? 기대하지 않았던 답 인사도 돌아왔다. "조심히 가요."

밖으로 나와, 스탬프를 찍었다. 꾹 누른 뒤 확인한 그림은, 온천 입구를 든든히 지키고 있는 나무와 건물이 어우러진 풍경이었다. 한 번이라도 이곳에 왔다면, 곧바로 무카이바루 온천임을 알아볼 수 있는 귀여운 도안이었다. 언제까지나 맑고 향기로운 샘으로 있어 주기를 바라며 불단에 인사를 올렸다.

"오늘도 즐거운 목욕이었습니다. 고맙습니다."

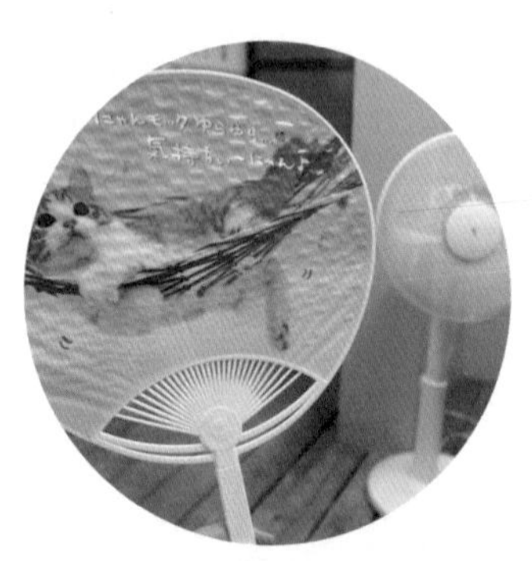

간카이지에서 먹기

활어회전초밥, 스이텐 야마노테점

스이텐은 고급스럽고 질 좋은 초밥을 상대적으로 저렴한 가격에 먹을 수 있어 현지인들에게 평판 좋은 초밥집이다. 맛있는 초밥을 먹고 싶지만, 가격이 부담스러운 여행자들에게 추천한다. 널찍한 실내와 쾌적한 시설 때문에 가족 단위 손님이 많으므로 아이를 동반한 가족 여행자에게 좋은 식당이기도 하다.

일반적인 회전초밥가게처럼 컨베이어벨트 위에 놓인 초밥을 가져다 먹어도 좋지만 되도록 따로 주문하기를 권한다. 주문 즉시 만드는 초밥이 훨씬 신선하기 때문이다. 영어 메뉴도 갖추고 있으니 어렵지 않다. 특히, 제철 해산물로 만드는 초밥들을 추천한다. 도미, 단새우, 연어를 비롯해 입안에서 사르르 녹는 참치 뱃살, 성게알, 쫀득쫀득한 새조개와 관자까지. 도저히 멈출 수 없는 맛에 접시가 탑을 이룰지도 모르니 주의하자.

주소 오이타현 벳푸시 야마노테초3264-1(大分県 別府市 山の手町3264-1) | **영업시간** 평일 11:00~14:00, 17:00~22:00(L.O. 21:30), 주말 및 공휴일 11:00~15:00, 17:00~22:00(L.O. 21:30), 연중무휴 | **대표메뉴** 흰살 생선 초밥 3종(497엔~), 평일 한정 런치초밥 8종세트(1048엔~), 코스 메뉴(3780엔~) | **전화번호** 0977-24-4400 | **홈페이지** www.suiten.top

달콤한 폭탄, 과자 공방 트루아 베리

스트로베리, 블루베리, 라즈베리. 세 개의 베리라는 뜻으로 트루아 베리Trois Berry라고 이름 붙은 이 케이크가게는 아기자기하고 달콤한 디저트로 사람들의 사랑을 듬뿍 받는 곳이다. 매일 새로 만든 케이크 20여 종과 푸딩, 젤리, 마카롱, 쿠키 등 다양한 디저트를 판매한다.

모든 디저트가 고루 인기 있다지만, 최고 인기 메뉴는 제철 과일을 활용한 디저트다. 내가 방문했던 초여름에는 제철 복숭아로 만든 모모바쿠단이 진열장 4분의 1을 차지하고 있었다. 가장 인기 메뉴이니 먹어보지 않을 수 없었는데, 그야말로 감격스러웠다. 플라스틱 스푼으로 살짝 누르기만 해도 푹 베일만큼 잘 익은 복숭아와 커스터드 크림을 함께 먹는다니, 여름이 다 가도록 내내 이것만 먹고 싶을 만큼 맛있었다. 바쿠단ばくだん, 폭탄이라는 이름에 걸맞게 달콤한 맛이 입안에서 폭발하는 듯했다. 달콤한 디저트가 먹고 싶을 때 들러보자. 단, 매장

내에서 먹을 수 있는 별도 공간이 없으니 참고할 것.

주소 오이타현 벳푸시 야마노테초17-1(大分県 別府市 山の手町17-1) | **영업시간** 11:00~19:30 | **정기휴일** 매주 월요일, 월 1,2회 부정기 휴무 | **대표메뉴** 모모바쿠단(634엔), 딸기케이크(438엔) 등 | **전화번호** 0977-23-8366 | **인스타그램** @troisberry

여섯번째 동네

자연 그대로의 정취,
호리타 堀田

♨

호리타는 예로부터 유후인과 히타로 통하는 교통의 요충지라는 지리적 이점 덕분에 번성한 온천 지역이었다. 오늘날에도 벳푸 고속도로 나들목과 가장 가까운 동네인 데다 뛰어난 유황천 수질 덕분에 훌륭한 온천시설들이 모여 있다. 무엇보다 호리타 온천은 자연 그대로의 정취가 살아 있어 매력적이다. 자연과 하나 되는 황홀한 일체감을 느낄 수 있는 호리타로 떠나보자.

숲속 비밀의 샘, 무겐노사토 슌카슈토

주소 오이타현 벳푸시 호리타6구미(大分県 別府市 堀田6組)
영업시간 10:00~18:00(접수 마감 17:00)
기상 상황에 따라 부정기 휴무
찾아가기 호리타 버스정류장에서 도보 15분
입욕요금 대욕장 성인 700엔, 아동 300엔, 대절탕 2500~3000엔
시설정보 샤워기, 대야, 의자 있음, 샴푸·린스·샤워젤 있음, 개인 용품 사용 불가
수질 유황천 | **영업형태** 외탕

온천을 좋아하는 사람이라면, 알려지지 않은 온천을 찾아 떠나는 모험을 꿈꾸기 마련이다. 깊은 산골짜기에 숨겨진 비밀의 온천을 만나는 일은 상상만으로도 행복하다. 산 좋고 물 좋다는 말은 온천에도 적용되어서, 도심과 먼 자연 속에 훌륭한 온천이 있을 가능성이 크다.

벳푸에서는 호리타가 그런 곳이다. 벳푸시 서쪽 외곽에 있는 호리타는 온천의 수도 적고 이름난 관광 명소도 없다. 하지만 일부러라도 찾아갈 만한 가치가 있는 알찬 온천이 곳곳에 있는 동네다. 그중에서도 아름답기로 손꼽히는, 무겐노사토 슌카슈토夢幻の里 春夏秋冬를 소개한다.

무겐노사토 슌카슈토는 한국어로 옮기면 '몽환의 마을, 춘하추동'이다. 멋을 잔뜩 부린 이름에서 호기심이 일었다. 대체 어떤 온천일까. 택시를 타고 굽이굽이 가파른 산길을 얼마간 지나자 산장같이 생긴 온천 건물이 나타났다. 모르는 사람은 짐작도 할 수 없는 위치였다.

접수처에서 한 명이라고 하자, 직원이 탕 대절을 원하는지 물어왔다. 박진감 넘치는 폭포와 함께 온천을 즐기는 '폭포탕' 등 전세 탕이 유명하

긴 하지만, 혼자라 대욕장을 선택했다. 이어서 환경보호 차원에서 온천에 비치된 친환경 샴푸와 린스만 쓸 수 있다는 규칙을 알려줬다. 그리고는 직접 대욕장까지 안내해주었다.

도착한 곳은 여성 대욕장 '무겐노유'. 혼자 즐길 수 있다면 더 좋겠다고 생각하며 왔는데, 마침 신발장이 비어 있었다! 행운이 따라주니 기대가 빵 반죽처럼 부풀었다. 작은 오두막처럼 생긴 입구 문을 열고 들어가면 탈의실이 있고, 거기서 안쪽 문을 열면 온천이 있는 연결 구조였다. 너무나 궁금했기에 옷을 입은 채로 안쪽 문을 열었다. 그리고 꿈에서나 보았을 법한 아름다운 온천을 보았다.

온천은 아름다움을 넘어 신비함이 느껴질 정도였다. 온천에 예를 갖추어야 할 것 같은 생각이 들기는 처음이었다. 하지만 시간이 없다. 언제까지 이렇게 온천을 독차지할 수 있을지 알 수 없기에, 서둘러 탈의실로 돌아가 옷을 벗고 곧바로 몸을 담갔다. 은은한 유황냄새가 코끝에 번지고, 부드러운 물이 온몸을 휘감았다. 실크를 두른 것처럼 매끄러운 촉감이 황홀했다. 뽀송뽀송한 이불 속에 안긴 듯 따뜻하고 편안했다.

물속을 들여다보니 유노하나가 꽤 많았다. 얼핏 보면 기름띠처럼 보일 정도였다. 온천 수질이 좋을 수밖에. 물결을 따라 가라앉았다 떠올랐다 하는 유노하나를 보니, 어느 숲속 비밀의 샘을 발견한 것 같아 뿌듯한 마음마저 들었다. 고라니 한 마리가 몸을 담그고 쉬어간다 해도 전혀 이상하지 않을 만큼 자연과 가까운 온천을 혼자서 오롯이 즐길 수 있는 시간, 더 바랄 것이 없었다.

온천과 나, 세상에 단둘이 남겨진 것 같은 극도의 일체감. 이것이 꿈이 아니라면 무엇일까. 잡념이 사라지니, 모든 걱정이 덧없어졌다.

탕 안에 앉아 가만히 하늘을 바라보니, 온통 푸른 나뭇잎뿐. 언제까지고 그 풍경을 바라보고 싶어 한참을 올려다보았다. 가을의 문턱을 채 넘지 못한 계절, 아직 푸르기만 한 단풍이 싱그러웠다. 멀리서 들려오는 새소리, 바람이 움직이는 소리, 물결이 이는 소리. 그 모습 그대로인 자연이 어쩜 그리도 황홀한지, 새로운 세계에 온 것만 같았다.

그제야 알 수 있었다. 왜 이곳이 몽환의 마을인지를. 온천과 나, 세상에 단둘이 남겨진 것 같은 극도의 일체감. 이것이 꿈이 아니라면 무엇일까. 잡념이 사라지니, 모든 걱정이 덧없어졌다. 몽환의 탕이 주는 행복에, 한참이나 넋을 놓고 빠져들었다.

온천을 마치고 돌아나오는 길, 들어갈 때는 미처 보지 못한 작은 아름다움을 보았다. 단단하게 여물어 귀여운 알밤이 탁자에 놓여 있었다. 어디선가 떨어지는 물방울 소리에 귀를 기울여 둘러보니, 정원의 물그릇에 예쁜 들꽃이 담겨 있었다. 소박하지만 자연과 함께하는 정겨운 모습 하나까지 놓치지 않고 전하고 싶은 이곳 사람들의 따뜻한 마음이 느껴졌다.

봄이면 흩날리는 꽃잎을, 여름이면 빛나는 반딧불을, 가을이면 오색으로 물든 단풍을, 겨울이면 설경을 즐길 수 있는 자연 그대로의 온천, 무겐노사토 슌카슈토. 숲속 비밀의 온천에 잠시 머무른 것만으로 행복에 조금 더 가까워졌다.

남부럽지 않아,

호리타 온천

주소 오이타현 벳푸시 호리타2구미(大分県 別府市 堀田2組)
영업시간 6:30~22:30
정기휴일 매달 첫째주 수요일(공휴일인 경우 다음날 휴무)
찾아가기 호리타온센마에(堀田温泉前) 버스정류장에서 도보 1분
입욕요금 210엔 | **시설정보** 샤워기, 대야, 의자 있음
수질 단순 온천 | **영업형태** 시영 온천

온천 여행이 취미라고 하면 종종 오해를 받곤 한다. '호화로운 취미'라는 뉘앙스가 풍기는 모양이다. 우리가 익히 아는 일본 온천 여행은 료칸에서 극진한 대접을 받으며 가이세키 요리를 즐기고, 멋진 경치와 온천을 즐기는 것이기에……. 나도 처음에는 그렇게 생각했던지라, 온천 여행은 그 언젠가로 미뤄뒀었다. 그런데 벳푸를 알고 나서 막연한 미래는 바로 지금이 되었다. 저렴한 요금으로 훌륭한 온천을 즐길 수 있으니 떠나지 않을 이유가 있을까. 게다가 공동 온천부터 호텔 대욕장까지 원하면 언제 어디서든 온천을 즐길 수 있다니! 벳푸 사람들에게 부럽다고 말하면, 모두 고개를 끄덕이며 자랑스러워하곤 한다.

이번에 소개하는 호리타 온천堀田温泉도 벳푸 사람들이 자랑스러워하는 온천 중 하나다. 호리타 온천은 벳푸시에서 운영하는 시영 온천인데, 노천 온천으로 유명하다. 그런 이유로 동네 사람은 물론이고 벳푸시 전역에서도 찾아온다. 온천에 도착한 시간은 일요일 아침 일곱시. 주차장은 이미 차들로 빼곡했다. 벌써 목욕을 마치고 나오는 사람들도 있어 인기를 실감할 수 있었다.

인기의 이유에는 쾌적한 시설이 한몫했다. 반짝반짝 윤이 나는 나무 바닥은 청결했고 신발 로커나 자판기, 휴게실 등 부대시설이 충실히 갖춰져 있었다. 요금을 지불하고 곧장 안으로 들어갔다. 탈의실도 일반 공동 온천과는 달랐다. 욕실 문이 따로 달리고 한쪽 거울에는 세면대나 드라이어까지 갖춰져 있었다. 온천 초심자들도 부담 없이 오기 좋아 보였다.

온천 안 시설도 좋았다. 좌석마다 샤워기에 대야, 의자가 갖춰진 데다 서른 명은 족히 들어갈 커다란 탕과 높은 천장, 통유리로 보이는 바깥 풍경과 노천탕까지. 자리를 잡고 천천히 머리부터 발끝까지 씻었다. 흐르는 물에 덕지덕지 붙어 있던 졸음과 피로가 말끔히 씻겨 나갔다. 그리고 어디에 몸을 담글지 잠시 고민했다. 커다란 내탕도 좋아 보였지만 역시 노천탕 쪽이 더 좋을 것 같았다. 고민을 끝내고 바깥으로 나갔다.

푸르고 붉은 나뭇잎이 드리운 커다란 나무 그늘, 그림처럼 펼쳐진 이끼, 탕을 둘러싼 멋들어진 암석. 귓가를 스치는 맑고 고운 새소리. 흐린 하늘 아래에서도 반짝반짝 빛나는 깨끗한 온천수는 화룡점정이었다. 이렇게까지 제대로 된 노천탕을 기대하지 않았기에 더없이 놀라웠다. 한참을 구경하고 있으니, 탕 안쪽에서 누군가 말을 걸어왔다. "좋은 아침이

죠?" 아주머니 한 분이었다. 누군가 있다는 사실조차 잊고 있었던 나는, 멋쩍은 웃음을 지으며 탕 안으로 들어갔다.

울퉁불퉁한 바위가 있는 발밑을 조심히 살피며 종아리부터 가슴께까지 천천히 몸을 담갔다. 이내 훈훈한 기운이 온몸으로 번졌다. 아주머니와 약간 거리를 두고 앉아 온천수부터 관찰했다. 연한 회색을 띠는 온천수가 멀리서 보기에도 궁금했기 때문이다. 두 눈을 부릅뜨고 물속을 들여다보자 어김없이 있었다. 바로 온천의 꽃, 유노하나가 넘실넘실 물결을 타고 춤추듯 떠다니고 있었다. 매끈매끈한 촉감도 기대 이상이었다. 피부를 문지르며 느낌을 만끽했다.

"아침 목욕, 참 좋죠?"라고 물어오는 아주머니에게 "네, 좋네요. 아침 목욕" 하고 웃으며 대답했다. 아주머니가 말했다. "나는 이 동네 사는데,

호리타 온천이 있어서 참 좋아요. 매일 올 수 있으니까. 여기가 나한테는 최고의 온천이에요." 그 순간 아주머니가 세상 누구보다 부러웠다. 이런 온천이 동네에 있다면 얼마나 좋을까. 아주머니의 자부심이 가슴 깊이 와닿았다.

한두 방울 빗방울이 떨어지기 시작하자 아주머니는 자리를 떴다. 비가 내려 그런지 아무도 오질 않아 노천탕을 독차지하는 사치를 누렸다. 가벼운 빗방울이 빗줄기로 변할 때까지 머무르며 혼자만의 시간을 만끽했다.

온천을 마치고 나와 휴게실에 잠시 들렀다. 그새 굵어진 빗줄기가 감당할 수 없을 만큼 쏟아졌기 때문이다. 이대로 나가면 흠뻑 젖은 생쥐꼴이 될 것 같아, 비가 잦아들길 기다리며 자판기에서 흰 우유 하나를 뽑았다. 고소한 우유가 목을 타고 넘어가자마자 기운이 솟는 것 같았다. 비 내리는 풍경을 바라보며 마시는 우유는 아침 목욕의 여운에 정점을 찍었다.

그 순간 세상 부러울 것이 없어졌다. 하염없이 내리는 비조차 휴식 시간을 선물하기 위해 온 것 같았다. 그리고 스스로에게 칭찬을 듬뿍 주고 싶어졌다. 행복은 나중이 아니라 바로 여기 있다는 걸 깨달을 수 있었으니까. 210엔으로 남부럽지 않은 기분을 누리고 싶다면, 미루지 말고 호리타 온천으로 가자. 마음을 데우는 기쁨을 발견할 지도 모를 일이니.

Eat

호리타에서 먹기

계절을 담은 밥상, 와 스타일숍 & 카페 와쿠라

'와 스타일숍 & 카페 와쿠라和・style shop&cafe 和蔵'는 식당 겸 카페이자 소품가게다. 카페와 숍도 인기 있지만, 계절을 고스란히 담아내는 퓨전 일식 창작 요리로 유명하다. 그 때문에 점심 시간이면 이 외진 곳까지 찾아온 사람들로 북적인다.

인기 메뉴 '계절의 반찬 런치'는 정갈한 담음새는 물론이고 맛 또한 일품이었다. 여름이 물씬 느껴지는 대나무 쟁반과 커다란 잎사귀 위에 아기자기하게 놓인 반찬들의 배치가 한 폭의 그림이 따로 없었다. 마치 초여름을 그대로 식탁으로 옮긴 듯 싱그러웠다. 새우크림크로켓, 옥수수와 양파 튀김, 토마토 한천, 여주 흑설탕 조림 등 반찬 하나하나가 맛깔스러웠다. 제철 재료로 만든 요리로 계절을 만끽하고 싶다면 들러보자.

주소 오이타현 벳푸시 오기야마 1구미-3(大分県 別府市 扇山 1組-3) | **영업시간** 숍 10:00~19:00, 카페 11:00~L.O. 17:30/런치 11:30~L.O. 14:30 | **정기휴일** 매주 화요일, 매달 첫째, 셋째 수요일 | **대표메뉴** 계절의 반찬 런치(1080엔), 계절 야채 카레(970엔) 등 | **전화번호** 0977-24-0898 | **인스타그램** @official_wakura

일곱번째 동네

생활감 넘치는 바닷마을
가메가와 亀川

♨

벳푸의 북쪽 동네 가메가와. 벳푸역에서 전철로 10분이면 닿을 만큼 가깝지만, 바닷가 마을 특유의 느긋한 정서가 흐른다. 젊은 활력이 넘치는 벳푸대학역부터 아기자기 정겨운 골목이 이어지는 가메가와역까지, 생활감 넘치는 현지인의 공간이다. 동네를 꼭 닮은 소박하고 생기 있는 공동 온천들을 만나보자.

벚꽃을 바라보며,

하마다 온천

주소 오이타현 벳푸시 가메가와하마다마치991-6
(大分県 別府市 亀川浜田町991-6)
영업시간 6:30~22:30, 연중무휴(연말 대청소 시 부정기 휴무)
찾아가기 가메가와역에서 도보 3분
입욕요금 100엔
시설정보 대야, 의자 있음, 수건, 샴푸 등 비품 판매, 코인로커 있음
수질 염화물천 | **영업형태** 시영 온천

"벚꽃이 폈는데, 좀 봤어요?"

때 이르게 만개한 벚꽃이 온천보다 더 자주 입에 오르내렸다. 그도 그럴 것이, 봄 햇살 아래 환히 핀 벚꽃의 아름다움은 말도 못 할 정도였다. 바삐 걷다가도 흐드러지게 핀 꽃을 보면 절로 걸음을 멈출 수밖에 없었으니까. 후로 마라톤의 바쁜 일정을 소화하느라 그저, 스치듯 하는 꽃구경이 아쉬울 뿐이었다.

하마다 온천浜田温泉에 가는 길에도 어김없이 벚꽃이 만개했다. 조금이나마 아쉬움을 달래려 천천히 걸었다. 곧이어 눈에 띄게 크고 고풍스러운 건물이 나타났다. 오늘의 목적지에 도착했음을 알 수 있었다. 그런데 맞은편에도 크고 오래된 건물이 있었다. 뭐지? 가까이 다가가 입구의 비석을 읽었다. '하마다 온천 역사자료관浜田温泉歴史資料館'이라고 적혀 있었

다. 안쪽에서 할아버지 한 분이 친절하게 말을 걸어왔다.

"어서 오세요, 여기가 옛날 하마다 온천입니다."

그러니까 설명하자면 이렇다. 온천 맞은편에 있는 하마다 온천 역사자료관은 1935년에 처음 문을 열었던 옛 하마다 온천 건물을 그대로 보존한 온천 자료관이고, 지금의 하마다 온천은 그 건물을 본 따 2002년에 새로 지어진 거였다. 옛 온천을 자료관으로 보존하고 바로 길 건너에 새 온천을 짓다니. 이런 온천은 처음이라 호기심이 일었다. 온천에 가기 전 자료관부터 들러보기로 했다.

자료관에는 생각보다 볼거리가 많았다. 무엇보다 흥미로웠던 건 약 80년 전에 지어진 온천의 모습을 고스란히 남겨뒀다는 거였다. 지금은 보기 힘든 복고풍 타일로 마감한 탕과 미로 같은 구조가 특이했다. 그동안 제 역할을 다하고 은퇴한 온천 파이프도 인상적이었다. 나이테가 새겨지듯, 배관 내부에 겹을 이루며 쌓인 온천 결정이 신기했다.

한편, 할머니가 카운터에 앉아 고양이와 함께 찍은 익살스러운 사진이나 마당 앞 벚꽃을 찍은 아련한 풍경 사진에서는 온천을 향한 사람들의

애정이 듬뿍 묻어났다. 온천의 철거를 안타까워하던 독지가가 6500만 엔이라는 거금을 쾌척하면서 자료관이 세워졌다고 하니, 모두에게 사랑받던 온천이었구나 싶었다. 긴 역사를 일단락하고 새로 지은 온천은 어떨까. 다시 건너편 온천으로 발걸음을 옮겼다.

온천은 마침 축제 기간을 맞아 무료였다. 그래서 일까. 평일 오후인데도 꽤 많은 사람들로 북적이고 있었다. 주로 나이 지긋한 어르신들이었는데 젊은이들도 간간이 오가는 거로 봐서 아마도 근처에 사는 대학생들인 것 같았다. 큼직한 건물답게 안쪽 공간도 다른 공동 온천들보다 넓었다. 높이 난 창을 통해 햇살과 바람이 드나들어 실내 공간이지만 답답하지 않았다. 기술이 발전해 욕실이 반지하가 아니라는 것만 빼면, 조금 전의 자료관에서 보았던 옛 온천 구조와 꽤 흡사했다.

처음 보는 주민들과 인사를 나누며 조심스레 자리를 잡았다. 눈치를 보며 찬물을 쓸 수 있는 벽 쪽 수도꼭지 앞을 사수. 연이은 온천 입욕으로 달아오른 몸을 찬물로 식히고 탕으로 들어갔다. 조금 뜨겁긴 했지만, 몸에 감기는 부드러운 물에 금세 몸이 적응하는 걸 느낄 수 있었다. 기분이 좋아져 고개를 한껏 젖히고 허공으로 시선을 옮긴 순간, 생각지도 못한 창밖 풍경에 놀랐다. 한껏 만개한 벚나무 가지가 창에 드리워 살랑이고 있었다. 바람결을 따라 움직이며 꽃잎을 떨구는 모습이 아름다웠다. 온천에 몸을 담그며 꽃구경을 할 수 있을 줄은 상상도 못했기에 감동이 밀려왔다. 고개를 들어 올리느라 목이 아픈 것 따위 아랑곳하지 않고 풍

경에서 한참 눈을 떼지 못했다. 마치 벚꽃을 처음 보는 사람처럼.

문득 자료관에서 보았던 사진 한 장이 떠올랐다. 언제인지 알 수 없는 과거의 어느 때, 하마다 온천에 만개한 벚꽃 풍경을 찍어둔 거였다. 혹시 옛 온천에서도 벚꽃을 볼 수 있었을까? 알 길 없는 질문이 꼬리에 꼬리를 물고 번졌다. 만일 볼 수 있었다면, 그래서 새로 지은 이곳에서도 창가에 벚나무가 걸리도록 심어둔 거라면, 그렇다면 좋겠다고 생각했다. 그렇게 한참을 온천에서, 전혀 기대하지 않았던 방식으로 나만의 꽃놀이를 즐겼다.

하루에 열 곳의 온천에 들어가는 고된 온천 수행 길에서 잠시나마 망중한을 즐긴 하마다 온천. 그 아름다운 풍경은 가끔 온천이 그리울 때마다 펼쳐보고 싶은 추억의 한 장면으로 기억될 것이다. 그리고 누군가 하마다 온천이 어떤 곳이냐고 묻는다면, 이렇게 대답할 것이다.

"벚꽃이 피면, 꼭 가보세요. 천천히 지나가는 봄을 만날 수 있을 거예요."

목욕의 프로를 만나다

게이린 온천

주소 오이타현 벳푸시 가메가와히가시마치1-36
(大分県 別府市 亀川東町1-36)
영업시간 7:00~22:00, 연중무휴
찾아가기 쇼하엔(照波園) 혹은 벳푸게이린죠마에(別府競輪場前) 버스정류장에서 도보 3분
입욕요금 100엔(초등학생 미만 무료) | **시설정보** 대야 있음
수질 단순 온천 | **영업형태** 경륜장

경륜장은 난생처음이었다. 자전거에도, 베팅에도 관심 없는 인생을 살아왔다는 걸 게이린 온천競輪温泉 덕분에 깨달았다. 게이린 온천은 우리말로 '경륜 온천', 말 그대로 경륜장에 있는 온천이다. 어디서든 옷을 훌훌 벗고 목욕을 하는 게 일상이어서 그럴까? 경륜도 보고 온천도 즐기라는 걸까? 궁금하긴 했지만 후로 마라톤 때 방문하기로 계획했다. 어쩐지 후로 마라톤과 잘 어울리는 장소라는 생각에서. 경륜도, 후로 마라톤도 스포츠니까.

히라타마치의 골목길을 지나 철길이 보이는 대로변에 다다르자 커다란 경륜장 입구가 저 멀리 보였다. 알록달록한 아치와 커다란 글씨로 적힌 입구가 언뜻 놀이공원처럼 보였다. 주말 아침부터 경기를 보러온 사람들로 인산인해였다. 모두가 일제히 경기장으로 들어가는데 나 홀로 주차장에 덩그러니 서 있는 콘크리트 건물로 향했다. 모르는 채로 봤다면 사무실이나 매표소로 착각했을 법한 평범한 건물인데, 그곳이 바로 온천이었다.

요금은 여느 공동 온천처럼 100엔. 경기가 있는 날에는 무료로 운영되었으나 2017년 4월 1일부터 요금을 받게 되었다고 한다. 무료일 때는 발 디딜 틈이 없을 정도로 북적였다는데 온천 안에는 아무도 없었다. 느긋하게 즐겨볼까 생각하며 옷을 벗으려는 찰나에 사람들이 들어왔다. 그리고 한 명과 눈이 마주쳤다. 동시에 외쳤다. "어? 또 만났네요!"

후로 마라톤 첫날, 온천에서 만났던 유키에였다. 나는 참가번호 47번, 유키에는 46번이 적힌 바가지를 들고 온천에서 우연히 마주쳤었는데, 또 다시 만난 거였다. 이렇게 반가울 때가! 재미있었던 건 뒤이어 들어온 사람들 모두가 후로 마라톤에 참가 중이라는 거였다. 우리가 반가워하며 인사를 나누자, 그들도 웃으며 말을 걸어왔다. "모두 여기서 만나네요."

그렇게 후로 마라톤 선수들끼리의 짧은 목욕 시간이 시작됐다. 그 말은 즉, 목욕 프로들과 한 물에서 시간을 보낼 수 있다는 것! 모두 능숙하고 빠른 손놀림으로 샤워부터 입욕까지 이제껏 본 적 없는 스피드로 척척 해냈다. 탕이 한동안 비어 있었는지 물 온도가 뜨거운 것도 문제 되지 않았다. 다들 어떻게 아는 건지 구석에 감춰져 있던 호스를 끌어와 찬물을 틀고, 바가지로 열심히 물을 섞어 골고루 퍼지게 했다. 시간 관리가 생명인 후로 마라톤 선수답게 전략적이고 치밀한 행동이었다.

프로들의 노고 덕분에 순식간에 온천에 몸을 담글 수 있었다. 사각형 탕은 네 명이 들어가니 약간의 여유를 제외하고는 꽉 찼다. 원천 온도 자체가 70도를 넘는지라 물을 섞어도 쉽사리 온도가 떨어지지 않았다. 결국, 하는 수 없이 호스를 탕 가운데 넣고, 찬물 주변으로 입욕하는 요령을 피웠다. 세 사람은 온천 초보인 나에게 가장 가까이 호스를 놓아주며 배려해주었다. 수돗물을 꽤 많이 섞어야 했기 때문에 원천 그대로는 아니었지만, 그 나름대로도 좋았다. 어쩐지 몸에 착착 달라붙는 질감이 독특했다. 몸을 담그고 있자니 여기가 경륜장 주차장 한가운데라는 게 실감이 나지 않을 정도로 아늑했다.

모두 탕에 들어온 뒤 담소를 나누기 시작했다. 미야자키에서 온 온천 명인 유키에는 이번이 두번째 후로 마라톤 참가라고 했다. 나머지 두 사람은 벳푸에 살지만, 주말밖에 시간이 나질 않아 하프코스에 참여 중이

라고 했다. 내 소개를 할 차례. 짧은 일본어로 한국에서 왔다고 하니 모두 놀랐다. 다행히 영어에 능숙한 유키에가 중간에서 통역을 해주어 간만에 대화다운 대화를 할 수 있었다. 그 순간이 더없이 즐겁고 반가웠다.

상대적으로 여유로운 하프코스 참가자 두 사람을 남겨두고, 유키에와 나는 먼저 온천을 나섰다. 유키에가 조심스럽게 말을 건넸다. "다음에는 어느 온천에 갈 거예요?" 가방에서 계획표를 주섬주섬 꺼내 확인하고 대답했다. "벳푸대학역 근처 온천에 가려고요." 그랬더니 하는 말. "그럼 제 차로 이동하실래요? 태워다 드릴게요." 예상치 못한 호의에 기뻤다. 잠깐이었지만 즐거운 대화도 나누었다. 온천을 좋아해 후로 마라톤에 참가한다는 것만으로도 할 얘기가 끊이질 않았다.

오늘의 만남을 사진으로 기록하고 싶다는 생각에 말을 꺼내려는 찰나, 유키에가 먼저 제안해왔다. "같이 사진 찍을까요?" 우리는 자랑스레 바가지를 들고, 온천 앞도 아닌 어느 기차역 앞에서 기념사진을 남겼다. 사진을 찍어주던 학생의 얼떨떨한 표정도 이해가 된다. 세상 뿌듯한 표정으로 바가지를 들고 사진을 찍는 두 여자라니.

재미있는 건 다음날 유키에와 또다른 온천에서 우연히 마주쳤다는 것이다. 계획을 밝힌 것도 아닌데……. 이 정도면 운명이다 싶어 서로를 온천 친구로 받아들이기로 했다. 그렇게 유키에는 처음으로 사귄 온천 친구가 되었다.

그래서 게이린 온천이 어땠냐고 묻는다면, 내게는 각별한 온천이었다고 말하고 싶다. 온천도 스포츠처럼 즐길 수 있고, 프로들이 있고, 우정이 있다는 걸 알려준 곳이니까. 언젠가 한 번쯤은 나도 경륜장에서 베팅을 하고 목청껏 소리 질러가며 선수들을 응원한 뒤에 뜨거운 물에 몸을 담그고 싶다. 그때는 경륜의 고수나 베팅의 프로들을 만나게 되지 않을까?

Event

바가지를 들고 달려라, 후로 마라톤

여기 이상한 마라톤이 있다. 마라톤은 마라톤인데 경로가 정해져 있지 않다. 이동 방법도 상관없다. 차를 타도 좋다. 준비물은 더 수상하다. 수건과 비누와 바가지. 세 가지면 된다. 누군가 "목욕 가세요?" 하고 물어온다면 "네, 얼떨결에 맞추셨네요"라고 말할 수밖에 없는 알쏭달쏭한 대회.

정확히 이 마라톤의 내용은 42.195번의 목욕을 하는 것이다. 그런 마라톤에 대체 누가 참가하느냐고 물어본다면 완주한 사람으로서 할 말이 아주 많다. 하지만 그러기엔 입이 아플 테니까, 여기에 설명하겠다. 왜냐면 이미 이런 대화를 수십 번 했기 때문에.

"팀장님, 연차를 좀 쓰겠습니다."

"어디 좋은 데라도 가려고요?"

"후로 마라톤에 참가합니다."

"오, 마라톤도 해요?"

"그게 아니라 목욕하려요, 42.195곳의 온천에 가야 해서요."

"……?"

BEPPU ONSEN FESTIVAL
FURO
MARATHON
源泉100%
幸町公民館
幸温泉
たかさき
清海荘
住吉温泉
西の湯温泉
朝見温泉
山田別荘
八幡温泉
湯都ピア浜脇
春日
競輪温泉
百円でどなたでも入れます
お待ち時間にちょっと一風呂!
東町温泉
上田の湯九日天温泉
太陽の湯
平田温泉
浜脇温泉

"목욕을 하는 마라톤입니다."

"아…… 그렇군. 잘 다녀와요."

연차를 사용하기 위한 목적이라 대화는 거기에서 끝났지만, 결론부터 말하면 후로 마라톤은 '목욕 마라톤'이다. 프로Pro가 아닌 '후로風呂, 욕조'.

목욕하는 마라톤의 미션은 단 하나, 여러 온천에서 목욕하며 도장을 모으는 것이다. 코스는 총 세 가지인데, 초超풀코스는 88.195곳, 풀코스는 42.195곳, 그리고 하프코스는 21.195곳의 온천에 가는 걸 목표로 한다. 참고로 풀코스는 마라톤 완주 거리인 42.195킬로미터에서 따왔다고 한다. 5일 이내에 목표 개수만큼 온천 도장을 지정된 수첩에 모으기만 하면 완주하는 것으로 속도는 중요하지 않다. 등수를 매기지는 않기 때문. 타인을 이기기 위한 경쟁이 아니라, 오로지 온천과 내가 겨루는 세계다. '온천이 남느냐, 내가 남느냐'라는 치열함과 드높은 기상이 느껴지는 부분이다.

가벼운 마음으로 시작한 벳푸 온천 명인 도전은 어느새 꼭 이루고 싶은 꿈이 되었다. 언제 또 갈까 궁리하던 차에 후로 마라톤은 그야말로 절호의 기회였다. 풀코스를 완주하면 도장 42개를 더할 수 있으니 말이다. 게다가 후로 마라톤 기간 많은 온천이 무료로 개방된다고 하니, 놓칠 수 없지!

그런 이유로 떠났다. 손에는 어느새 하늘색 바가지와 수첩이 들려 있었다. 참가번호는 47번. "자, 이제 출발하세요!"라는 말과 함께 벳푸의 거리로 나섰다. 만개한 벚꽃들을 길동무 삼아, 환한 달빛을 등대 삼아 걸었다. 골목 어귀에는 희미한 습기와 비누냄새가 느껴졌고 그곳에 온천이 있었다. 그리고 함께 참가하는 많은 마라토너가 있었다. 반가운 재회를 했고, 새로운 친구도 만났다. 온천을 사랑하는 마음만으로 모두 하나가 되었다.

생각보다 쉽지는 않았다. 구태여 왜 이렇게 힘든 도전을 한 거냐고 스스로 묻기도 했지만 그건 어리석은 질문이었다. 온천에 가만히 잠기면 알게 되니까. 행복에 이유는 필요 없다는 걸 말이다. 온천에서 힘을 얻고, 온천에 힘을 쏟는 시간. 순례자의 마음으로 고통과 행복을 느끼며 다시 오지 않을 순간을 온천으로 가득 채웠다. 실수가 가져다준 우연조차도 기꺼웠다. 덕분에 잊지 못할 추억들도 한 아름 얻었으니까. 그렇게 5일 동안 후로 마라톤 풀코스를 완주했다. 이 한 문장으로는 도저히 다 담기지 않는, 바가지를 들고 눈썹 휘날리게 벳푸를 누볐던 시간은 너무나 특별했다. 온천 명인을 꿈꾸는 사람이든, 그렇지 않든, 감히 모두에게 권하고 싶을 만큼.

자, 그럼 바가지를 들고 함께 달려볼까요?

TIP 후로 마라톤 참가 A to Z

Step 1. 후로 마라톤 참가 신청

후로 마라톤은 매년 4월 1일을 기점으로 열리는 '벳푸팔탕 온천축제' 프로그램 중 하나다. 따라서 먼저 축제 일정을 파악하자. 보통 연초에 축제 일정이 결정되고 홈페이지에서 정보를 확인할 수 있다. 접수는 1월 말에서 2월 초에 시작된다.

접수일이 되면 안내문을 잘 읽고 온라인 접수를 하면 된다. 참가를 원하는 코스, 이름, 연락처, 주소, 티셔츠 사이즈 정도의 간단한 정보만 넣어서 지정된 방식으로 제출하면 1단계는 완료. 참고로 주소는 추후 참가에 필요한 서류와 특전 등을 우편물로 보내기 위함인데, 국외 참가자는 이메일 안내 및 현장 수령도 가능하니 우편 수령이 불가능할 경우 반드시 사유를 밝히자.

마지막으로 참가비 송금을 완료하면 접수가 끝난다. 2018년 기준으로 참가비는 초풀코스 4천엔, 풀코스 3천엔, 하프코스 2천엔이다. 정해진 기한 안에 입금을 완료해야 하는데, 국제 송금은 시일이 다소 걸리는 편이니 주의해야 한다. 송금이 완료되면 담당자에게 확인 메일이 온다. 가자, 벳푸로! 후로 마라톤으로!

Step 2. 코스 완주를 위한 계획 세우기

접수를 완료하면 본격적으로 계획을 세우자. 마라톤 완주를 위해서는 반드시 계획이 필요하다. 그냥 들어가면 되는 거 아니냐고? 그렇게 생각할 수도 있겠다. 하지

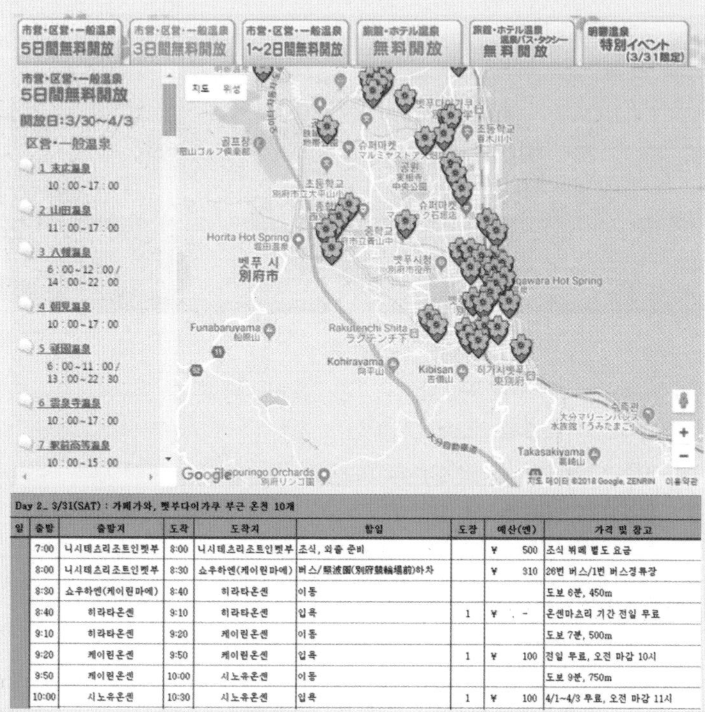

Day 2_ 3/31(SAT) : 가메가와, 벳부다이가쿠 부근 온천 10개

일	출발	출발지	도착	도착지	할일	도장	예산(엔)	가격 및 참고
	7:00	니시테츠리조트인벳부	8:00	니시테츠리조트인벳부	조식, 외출 준비		¥ 500	조식 뷔페 별도 요금
	8:00	니시테츠리조트인벳부	8:30	쇼우하엔(케이린마에)	버스/照波園(別府競輪場前)하차		¥ 310	26번 버스/1번 버스정류장
	8:30	쇼우하엔(케이린마에)	8:40	히라타온센	이동			도보 6분, 450m
	8:40	히라타온센	9:10	히라타온센	입욕	1	¥ -	온센마츠리 기간 전일 무료
	9:10	히라타온센	9:20	케이린온센	이동			도보 7분, 500m
	9:20	케이린온센	9:50	케이린온센	입욕	1	¥ 100	전일 무료, 오전 마감 10시
	9:50	케이린온센	10:00	시노유온센	이동			도보 9분, 750m
	10:00	시노유온센	10:30	시노유온센	입욕	1	¥ 100	4/1~4/3 무료, 오전 마감 11시

만 5일간 42.195번 온천에 가야 한다면 어림잡아 하루에 열 곳의 온천에는 들어가야 완주할 수 있는데 과연 계획 없이 가능할까? 절대 쉬운 일이 아니다. 게다가 후로 마라톤 기간 무료로 개방하는 온천이 수십 개. 요금을 절약하고 싶다면 축제 홈페이지에서 제공하는 '무료 온천 개방 정보'를 반드시 확인할 필요가 있다. 온천마다 무료 개방일, 시간이 모두 다르므로 조사 후 계획을 짜자. 정보는 축제 한 달 전쯤 공개된다.

그리고 팁 하나 더! 마라톤 직전, 계획을 한 번 더 검토하자. 초기 정보에 오류가 있어, 축제가 임박할 때쯤 수정되는 경우도 종종 있기 때문이다.

Step 3. 준비물 챙기기

이제는 짐을 싸서 떠날 일만 남았다. 기본적인 여행 짐 싸기는 제외하고 후로 마라톤에 필요한 준비물을 알아보자.

1) 수건 : 자주 물기를 닦아야 하므로 가볍고 잘 마르는 수건 여러 장을 준비하자. 스포츠타월도 괜찮고, 젖은 수건은 짐이 되니 쓰고 버릴 수건도 나쁘지 않다.
2) 세면도구 일체 : 개인차가 있으나 최대한 가볍고 간단하게 준비하자. 하루에 여러 번 입욕하며 수차례 씻어야 하므로 최대한 저자극의 세면도구를 추천한다.
3) 마실 물 : 온천욕을 계속할 때는 수분 보충을 자주 해주어야 몸에 무리가 가지 않으므로 꼭 챙겨 다니자.
4) 목욕 가방 : 후로 마라톤 참가상인 바가지를 담을 수 있는 넉넉한 크기의 가방을 준비하자. 바가지를 가지고 다니면 재미있는 일이 많이 생길 것이다.
5) 소지품 가방 : 귀중품과 습기에 약한 지류 등을 분리 보관할 수 있는 가방을 준비하자. 작고 가벼운 천 가방을 추천한다.
6) 탈의하기 편한 복장과 신발 : 탈의에 편한 복장을 일순위로 두자. 통풍이 잘되고 몸에 달라붙지 않아야 탈의에도 편하고 피부에도 좋다. 액세서리는 가급적 생략하자. 신발도 신고 벗기 편한 것을 추천한다.
7) 참가자 서약서 및 참가상 교환권 : 참가자 서약서는 '건강상의 이상에 대한 책임은 본인에게 있다'라는 내용을 상호 확인하고 동의를 구하기 위한 서류다. 그

밖에도 기타 돌발 상황, 재난 시 이벤트 중단, 초상권 사용 등 주의사항이 적혀 있으니 내용을 숙지하자. 또한, 참가상 교환권이 있어야 코스별로 제공되는 기본 굿즈를 받을 수 있으니 꼭 챙기자.

Step 4. 후로 마라톤 현장 접수 확인

앞선 과정을 모두 훌륭하게 해낸 당신, 후로 마라톤에 참가할 자격이 생겼습니다. 짝짝짝. 벳푸에 도착했다면 마지막 관문, 부스에서 현장 접수를 확인하는 절차만이 남았다. 부스에서 운영요원에게 접수를 확인하고 서약서를 제출한 뒤 참가상을 받으면 정식으로 마라톤을 시작할 수 있다. 참고로 나는 '후로 마라톤 스파포트'를 우편으로 받지 않고 현장에서 받았다. 국외 참가자인 경우, 현장 수령이 용이하다. 모든 절차를 마친 뒤 참가상으로 받은 대야를 들고 인증샷을 찍었다. 그리고 힘차게 출발했다.

자, 이렇게 해서 후로 마라톤에 참가할 수 있게 되었다. 온천 명인으로서 부디 많은 관심과 참여가 있기를 바란다. 모두 완주의 기쁨 누리시길!

4등의 자부심,

시노유 온천

주소 오이타현 벳푸시 가메가와시노유마치20-4
(大分県 別府市 亀川四の湯町20-4)

영업시간 4~9월 6:30~11:00, 14:00~22:00
10~3월 7:00~11:00, 14:00~22:00

정기휴일 매월 16일

찾아가기 시노유 버스정류장에서 도보 1분 또는
가메가와역에서 도보 13분

입욕요금 100엔 | **시설정보** 대야 있음(입구에서 대여), 의자 있음

수질 단순 온천 | **영업형태** 공동 온천

'산은 후지, 바다는 세토, 온천은 벳푸.' 벳푸 관광의 아버지라 불리는 아부라야 구마하치가 외친 이 슬로건은 벳푸가 일본에서 제일가는 온천 마을임을 강력하게 선포한 구호다. 그렇게 생각해보면 이 온천은 참 이상하다. 대놓고 네번째임을 어필하는 이름은 얼핏 들어서는 이해가 되지 않는다. 어쩌다 4등이 됐을까?

그 이름의 유래를 따라가려면 머나먼 에도시대로 시간 여행이 필요하다. 1803년, 오이타현의 풍습과 역사를 기록한 『분고코쿠시豊後国志』에 다음과 같은 기록이 있다고 한다. 제12대 게이코 천황景行天皇이 시노유 온천四の湯温泉에 몸을 담근 뒤 "에히메현 도고, 효고현 아리마, 와카야마현 시라하마 온천에 이은 온천이다"라고 얘기했다는 것. 다른 해석을 하는 역사학자도 있다지만, 시노유 온천 현판에 자랑스레 새겨져 있으니 지역민들에게는 사실로 여겨지는 것 같았다.

'4등 온천'이라는 이름으로 200년 넘게 사랑받은 온천이라니 궁금했다. 동네 주민들은 물론이고, 벳푸 온천 명인도와 규슈 온천 명인도에 가입되어 각지의 온천 마니아들을 불러 모으고 있으니까 말이다. 그래서 후로 마라톤 코스로 점찍어두고 시노유 온천으로 향했다.

낯선 골목의 끝, 지도가 가리키는 곳에 웬 놀이터가 나타났다. 벚나무 사이로 온천 축제의 빨간 제등이 화려하게 걸려 있어 건물은 보이지 않았지만, 그곳이 온천임을 확신할 수 있었다. 안쪽으로 들어가자 나무에 가려져 있던 건물이 모습을 드러냈다.

건물 입구에는 연세 지긋한 할아버지 한 분이 앉아 계셨다. 인사를 건넸더니, 대뜸 검문을 하듯이 질문을 던졌다. "바가지 가져왔나요?" 영문을 모르는 채 후로 마라톤 바가지를 들어 보였더니 그제야 'OK'라는 표정을 지으며 요금을 받았다. 나중에 알았는데, 이곳은 바가지를 바깥에 따로 보관해두고 가져오지 않은 사람들에게 빌려주고 있다고 한다.

할아버지의 검문을 무사히 통과하고, 안으로 들어갔다. 민트색 페인트가 칠해진 나무 벽을 따라 아래로 열 걸음 정도 옮기자 반지하 구조의 온천이 나타났다. 생각보다 넓은 공간이었는데, 어쩐지 광활하게 느껴졌다. 천장도 높을 뿐더러 사방을 둘러 나 있는 창으로 한낮의 햇빛이 가득 쏟아져 산뜻한 인상이었다.

그런 아름다운 공간의 한가운데, 커다란 타원형 탕 둘레를 따라 할머니들이 옹기종기 모여 앉아 씻고 있는 풍경이 그림 같았다. 그 속으로 걸어 들어가려니 괜스레 눈치가 보였다. 조심스럽게 인사를 건넸다. 과묵한 할머니들은 인사만 건넨 뒤 다시 온 힘을 다해 씻는데 집중하는 것 같았다. 탕 안에서 눈을 지그시 감고 명상에 빠진 것 같은 할머니, 얇은 수건을 있는 힘껏 짜서 물기를 닦아내는 할머니, 느리지만 정확한 손놀림으로 어디 하나 놓치지 않고 구석구석 문지르는 할머니. 엄숙한 분위기에 압도되어, 방금 온천에 다녀왔지만 허투루 보이지 않으려 최선을 다해서 씻었다.

이제는 입수할 차례. 씻을 때부터 살짝 뜨겁다 느꼈지만, 그냥 몸을 담

반지하 구조의 온천은 생각보다 공간이 넓었다. 어쩐지 광활하게 느껴지기까지 했는데, 천장도 높을 뿐더러 사방을 둘러 나 있는 창으로 한낮의 햇빛이 가득 쏟아져 산뜻한 인상을 주었다.

갔다. 뜨끈뜨끈한 열기가 서서히 뻗쳐오는 게 심상치 않았다. 그때였다. 할머니 한 분이 보다 못했는지 말을 걸어왔다. "뜨거우면, 거기 말고 다른 쪽에 들어가봐." 그랬더니 다른 할머니가 수도꼭지를 한껏 개방하는 거였다. 언제 보고 있었던 거지? 일사불란한 움직임으로 재빨리 칸막이 너머 탕으로 옮겼다. 그리고 수도꼭지 옆에 바싹 붙은 후에야 "고맙습니다"라고 인사를 건넸다. 할머니가 빙긋이 웃으며 "괜찮지?"라고 물어왔다. 뜻밖의 상냥함에 온몸이 사르르 풀렸다. 나도 모르게 잇몸을 활짝 드러내고 환히 웃었다.

긴장이 풀리니 주변을 돌아볼 여유가 생겼다. 촉촉하고 부드러워 매일 사용하기 알맞은 온천수, 멋진 기하학 패턴의 레트로 타일, 필기체가 멋진 입욕 안내문, 낡았지만 깔끔하게 관리되는 집기들. 그 위로 쏟아지는 봄볕이 온천을 반짝반짝 빛내주고 있었다.

모두 떠나고, 홀로 남아 몸을 담갔다 말리기를 반복하며 천천히 온천을 즐겼다. 그 시간 동안 깨달음은 자연스럽게 찾아왔다. 아무도 내게 이 온천에 대해 일러준 게 없었지만 알 수 있었다. 시노유 사람들에게는 등수 따위 상관없이 온천이 곧 삶이었을 거란 걸. 시노유 온천은 1등일 필요도, 4등일 이유도 없이 지금처럼 묵묵히 자리를 지켜왔을 것이다. 그러니 몇 등이 됐든 이곳 사람들에게는 자랑스러운 온천이지 않을까? 공동체의 결속을 오래도록 이어온 온천에서, 4등의 자부심을 느낄 수 있었다.

목욕을 마치고 꽃그늘 아래에서 귀여운 꼬마들이 미끄럼틀과 시소를 타며 뛰노는 모습을 바라보았다. 저 아이들도 온천의 고객이 되겠지? 인

구가 감소하며 공동 온천들이 하나둘 문을 닫는 요즘, 시노유 온천만은 오래도록 남아 그 자리를 지켜주었으면, 그래서 언제까지고 1등도 2등도 3등도 아닌 자랑스러운 4등 온천으로 불리기를……. 그래서 언젠가의 계절에 다시 올 수 있기를 바라는 마음으로 시노유 온천을 떠났다.

치유의 탕,

가메가와 스지유 온천

주소 오이타현 벳푸시 가메가와주오마치4-16
(大分県 別府市 亀川中央町4-16)
영업시간 7:00~19:00, 연중휴무
찾아가기 기요우센(亀陽泉) 버스정류장에서 도보 2분
또는 가메가와역에서 도보 11분
입욕요금 자율 요금제(불상 아래 투입구 있음)
시설정보 대야 있음 | **수질** 단순 온천 | **영업형태** 공동 온천(무인)

솔직히 말하자면 이 온천을 소개해야 할지 고민했다. 꽤 하드코어 했기 때문이다. 그럼에도 이만큼 개성 넘치는 온천도 흔치 않기에 소개하자고 마음먹었다.

가메가와 스지유 온천亀川筋湯温泉은 아주 오래된 전설이 내려오는 공동 온천이다. 그 정도가 내가 아는 정보였다. 직접 가보니, 외관부터 독특한 기운이 느껴졌다. 알록달록 조그마한 건물은 온천이라기보다 창고나 주택처럼 보였다. 건물이 워낙 작아서인지, 전설이 적힌 간판이 거대하게 느껴질 정도였다. 전설의 내용은 다음과 같다.

'질병을 치료하는 존재인 약사여래가 이 온천을 다녀간 뒤 온천에 흰 물이 솟기 시작했다. 치유의 힘이 있다고 알려져왔으며, 특히 류머티즘과 같은 신경통 치료에 효험이 있다고 한다. 지팡이를 짚고 와서 지팡이 없이 돌아간다는 이야기가 전해진다.'

온천 이름에 한자로 '힘줄 근筋' 자가 들어가는 것도 이와 관련 있는 것 같았다. 그 신비의 힘을 체험하러 온천으로 들어가기에 앞서 난관에 부딪혔다. 먼저 입구. 문 대신 샤워 커튼만 쳐져 있을 뿐 잠금장치 하나 없었다. 괜찮은 걸까. 걱정스러웠지만 일단 안으로 들어갔다. 그런데 그게 끝이 아니었다. 커튼을 걷고 들어가자 손바닥만한 공간이 나타났다. 이제껏 본 적 없는 초미니 사이즈 온천이었다. 욕조는 성인 두 명이 들어가면 꽉 찰만큼 작았다. 두 줄짜리 선반이 벽에 걸려 있었고, 바닥에 나무가 조금 덧대져 있을 뿐이었는데 그게 탈의실인 모양이었다. 거기다 흐린 날씨 때문에 안은 컴컴했다.

대체 여기서 뭘 어떻게 해야 하나 싶어 망부석이 돼버렸다. 충격으로 멍하니 서 있는 나를 보고 할머니가 먼저 인사를 건넸다. "처음이야? 미안해. 얼른 자리를 치워줄게. 들어와요." 할머니는 판자에 걸터앉아 옷을 개키고 계셨다. 당황해 일단 웃으며 인사를 건네곤 어디에 서야 할지 방황했다. 할머니가 옷을 치워주어 생긴 작은 공간에 겨우 서서 어기적어기적 옷을 벗었다.

옷을 벗으면서도 나는 연신 눈을 굴리기 바빴다. 창문에 천이며 뭔가로 보이지 않게 덧대져 있긴 했지만, 창문 밖은 훤한 대로였다. 바깥에 차가 지나가는 소리, 사람들의 말소리가 또렷하게 들릴 정도였다. 아무도 개의치 않는 것 같았지만, 이 정도로 개방된 수준은 처음이라 놀랐다.

온천으로 입성이라고 할 것도 없이 그냥 바로 코앞이 온천이었다. 한쪽 구석에서 대야를 찾아 들고 적당히 물을 몸에 끼얹은 뒤 탕으로 들어갔다. 그런데 나무로 된 탕 바닥이 삐걱삐걱 움직였다. 체중을 실어 걸음을 디딜 때마다 약간씩 들썩이는 바닥. 바닥에 나무가 고정된 게 아니라 널빤지로 엉성하게 짜 맞춘 듯했다. 이런 바닥은 또 처음이라 놀란 표정을 짓자 할머니가 하는 말. "여기, 남탕이랑 여탕이 원래 하나였어"라고 하는 거다. 나중에 찾아보니 지금의 온천은 1914년에 처음 문을 열었을 당시 구조 위에 그대로 벽만 쌓아올린 것이며, 처음에는 혼욕으로 운영되었다고 한다. 그러니까 이 온천의 욕조는, 무려 100년이 넘은 거였다.

갑자기 할머니는 묻지도 않았는데 이야기를 시작했다. "내가 자식이

나무로 된 바닥은 삐걱삐걱 움직이고, 바깥의 소음이 또렷하게 들리는 탓에 일순간 몸이 얼어버렸다. 이윽고 뜨끈한 물에 몸을 맡기자 온몸이 스르르 녹아버렸다.

셋인데, 전부 외지에 있어. 요즘은 온천 관리하기가 힘에 부쳐." 지역 주민일 거라 짐작했던 할머니는 알고 보니 온천 관리인이었다. 올해 77세라는 할머니는, 온천 관리는 힘들지만 그래도 온천이 건강의 비결이라고 아직 아픈 곳이 크게 없다고도 하셨다. 그 말에 적극적으로 추임새를 넣으며 대단하다고 했더니, 할머니가 갑자기 체조를 시작했다! 그것도 다소 민망한 포즈로 구르기를 선보이는 할머니를 보며 웃음이 터지고 말았다. 공간만 넓었다면 할머니가 알려준 '건강 비법 체조'를 익히고 싶었지만, 탕 안에서 보는 것만으로 만족해야 했다. 한바탕 웃고 나자 마음이 열려, 나 역시 묻지도 않은 이야기를 늘어놓았다. 온천 명인에 도전하고 있는데, 이 온천이 88번째 마지막 온천이라고. 좋은 사람들을 많이 만났다고 말이다. 지레 먹었던 겁은 온데간데없이 사라지고 없었다.

할머니는 그새 정이 들었는지 입구까지 배웅을 나와주셨다. 깜빡하고 넣지 않은 입욕료를 넣고, 약사여래에 두 손을 모아 기도를 올렸다. 그리고 대망의 스탬프를 찍는 시간. 가메가와 스지유 온천을 끝으로, 88개 도장을 모두 모았다. 감격스러웠다.

할머니는 그 모습을 가만히 지켜보더니 내게 물어왔다. "사요나라, 한국말로는 어떻게 해?" 헤어질 때도, 만날 때도 할 수 있는 인사인 '안녕'이 좋을 것 같았다. 종이를 꺼내 히라가나로 발음을 적었다. 할머니는 입 모양 그리고 히라가나를 참고하더니 이내 능숙하게 말했다. "안녕!" 막 말문이 트인 아기처럼, 배움의 기쁨을 온몸으로 표현하는 할머니의 인사는, 내가 멀리 사라질 때까지 몇 번이고 이어졌다. 가메가와의 한복판에서 '안녕'이 메아리처럼 울려퍼졌다.

그리고 생각했다. 어쩌면 오늘 약사여래를 만난 게 아닐까? 따끈따끈한 온천에 잠겨 시름을 잊고 한바탕 웃을 수 있었으니. 온천을 둘러싼 모든 이들의 안녕과 건강을 기원하며, 멀리 보이는 할머니와 온천에 손을 흔들었다.

가메가와에서 먹기

정성스런 우동 한 그릇, 우동 히다카

우동 히다카うどんひだか는 느리지만 기다릴 만한 가치가 있는 우동 한 그릇을 선사한다. 다양한 종류의 우동이 있는데, 특이한 점은 '하프 사이즈' 주문이 가능하다는 것. 또한 면의 굵기를 선택할 수 있다. 굵은 면인 '후토멘'과 얇은 면인 '호소멘' 중 입맛에 맞는 것으로 고르면 된다. 자리에서 우동이 만들어지기까지 전 과정을 구경할 수 있는데, 깔끔한 주방에서 정성껏 우동을 만드는 모습을 보는 것만으로도 기대감이 높아진다. 나는 후토멘 새우튀김우동을 주문했는데, 독특한 식감의 면과 깔끔하고 깊은 국물 맛의 조화가 마음에 들었다. 끊임없는 대기 행렬이 납득되는 맛이었다. 가메가와에 간다면 꼭 맛보길 바란다.

주소 오이타현 벳푸시 쇼닌니시3-1(大分県 別府市 上人西3-1) | **영업시간** 11:30~14:30(L.O. 14:00), 18:00~20:00(L.O. 19:30) | **정기휴일** 매주 금요일 | **대표메뉴** 우엉튀김우동+돈까스덮밥 하프사이즈(850엔), 새우튀김우동(600엔) | **전화번호** 0977-85-8217

밥도 먹고, 디저트도 먹고 고히 몬지로우

고히 몬지로우珈琲もんじろう. 이름은 커피집인데, 밥을 판다. 그러니까 밥집과 카페의 경계가 없는 곳이다. 오히려 식당에 가깝다고 해야 할까. 사실 이 식당은 벳푸 명물 도

리텐의 발상지로 알려진 식당 '도리텐 쇼쿠닌とり天職人'이었는데, 주방장이 2년 전 다른 곳으로 옮겨간 뒤 주방장의 부인이 홀로 운영하고 있다. 그래서 그런지 간판 메뉴는 도리텐 정식이다. 넘치는 인심으로 식당 분위기가 푸근하다. 밥도, 국도, 반찬도 원한다면 얼마든 더 가져다 먹을 수 있도록 셀프서비스로 운영되고 있으며, 정식을 먹으면 디저트와 음료도 먹을 수 있다. 학생 손님이 많은 지역 특성을 반영한 것이다. 원조집을 이어받은 식당답게 맛도 일품. 1천엔 남짓으로 식사와 느긋한 후식까지 즐기고 싶다면 이곳을 추천한다.

주소 오이타현 벳푸시 쇼닌니시4구미1(大分県 別府市 上人西4組1) | **영업시간** 11:00~L.O. 15:00 | **정기휴일** 매주 수, 목요일 | **대표메뉴** 도리텐 정식(1180엔), 도리텐 카레라이스 정식(1380엔) | **전화번호** 0977-66-6485

박력 넘치는 고기고기 라멘, 잇짱 라멘

언제나 문전성시를 이루는 가메가와역의 맛집, 잇짱 라멘いっちゃんラーメン. 벳푸 출신 전직 스모 선수 사장님이 만드는 라면으로 유명한데, 유명세만큼 맛도 남다르다. 선수 시

절부터 구마모토 라면을 좋아해, 은퇴 이후 망설임 없이 라면 수행에 들어간 뒤 가게를 차렸다고 한다. 그릇을 다 덮고도 남을 커다란 차슈가 압도적인 '잇짱 라멘'이 대표 메뉴다. 미소 또는 돈코츠 중 국물을 선택할 수 있는데, 대부분 돈코츠를 선택한다고 한다. 나도 돈코츠를 선택했는데 돼지고기 육수 특유의 느끼함보다는 깊고 구수한 맛이 더 강하게 느껴진 데다 뒷맛이 깔끔한 게 인상적이었다. 믿을 수 없을 정도로 푸짐한 면과 차슈 그리고 고명 때문에 배가 든든하다 못해 빵빵해질 지경이었다. 과연, 라면을 좋아하는 스모 선수가 꿈꿔왔을 맛과 양이었다. 가메가와역 근처의 하마다 온천과 엮어 방문하기를 추천한다.

주소 오이타현 벳푸시 가메가와하마다마치12-58(大分県 別府市 亀川浜田町12-58) | **영업시간** 11:00~15:00, 17:00~21:00 | **정기휴일** 매주 화요일 | **대표메뉴** 잇짱 라멘(650엔), 지고쿠 라멘(800엔), 교자(400엔) | **전화번호** 0977-66-2622

디저트와의 환상 궁합 커피, 디그 커피

벳푸 경륜장에서 큰길을 건너 벳푸역 방면으로 조금만 걸어가면 카페 '디그 커피ディグ コーヒー'가 있다. 벳푸 대학역 근처의 작은 카페로 시작했던 것이 인기에 힘입어 확장 이전까지 하여 이곳에 문을 열었다고 한다. 특히 커피와 함께 먹으면 좋은 디저트를 직접 연구해 선보이는 것으로 유명한데, 애플파이와 마스카포네 레어 치즈케이크가 인기를 견인하는 쌍두

마차라고 한다. 나는 후로 마라톤 후반부에 지쳐갈 때쯤 쉬어갈 목적으로 방문했는데, 커피와 치즈케이크 덕분에 다시 힘을 내어 움직일 수 있었다. 가장 가까운 온천은 게이린 온천이며, 인근의 히라타 온천과도 가까우니 참고하여 방문하길 추천한다.

주소 오이타현 벳푸시 쇼닌가하마초8-20(大分県 別府市 上人ケ浜町8-20) | **영업시간** 10:00~18:00, 연중무휴 | **대표메뉴** 커피(380엔), 카푸치노(450엔), 애플파이(340엔), 마스카포네 레어 치즈케이크(380엔) | **전화번호** 0977-67-0029

여덟번째 동네

온천 마니아의 모험심을 자극하는
시바세키 柴石

♨

벳푸팔탕 중 가장 닿기 어렵고, 가장 적은 수의 온천이 있는 동네, 시바세키. 붉은 빛깔의 '피의 지옥'을 중심으로 벳푸에서 흔치 않은 붉은빛 온천을 만날 수 있는 곳이다. 특이한 온천 수질과 더불어 찾아가기 어렵다는 점이 오히려 가슴을 두근거리게 한다. 왠지 재미있는 모험이 펼쳐질 것만 같은 시바세키로 떠나보자.

감사하는 마음으로,

초센지 야쿠시유

주소 오이타현 벳푸시 노다800-6(大分県 別府市 野田800-6)
영업시간 10:00~16:00, 연중무휴
찾아가기 치노이케지고쿠마에(血の池地獄前) 버스정류장에서 도보 3분
입욕요금 자율 요금제
시설정보 대야 있음
수질 산성천 | **영업형태** 사찰

이쯤 하면 끝났겠지 싶었던 벳푸 이색 온천 투어는 좀처럼 끝나질 않았다. 극장, 경륜장, 찻집만 해도 충분하다고 생각했는데, 웬걸, 그보다 더 독특한 온천이 기다리고 있었다. 바로 절. 그동안 좀처럼 기회가 닿질 않았는데, 온천 친구 유키에 덕분에 이곳에 방문할 수 있었다.

온천 명인에 두번째로 도전하고 있는 유키에는 규슈 남부 미야자키현에 살고 있다. 나의 '벳푸 온천 명인 도전' 마지막 여행에 함께하고 싶다며 기꺼이 차를 몰고 달려와준 유키에. 그녀는 초센지 야쿠시유長泉寺薬師湯를 두고 "벳푸 구석구석을 다녔지만, 손에 꼽도록 좋아하는 온천"이라고 소개했다.

간나와 온천에서 출발해 꽤 좁고 구불거리는 길을 따라 차로 달리기를 10여 분, 피의 지옥을 지나치자마자 웬 공터 앞에 차를 대고는 도착했다

고 하는 거였다. 내가 두리번거리자 유키에가 산 쪽으로 손가락을 가리켰다. 큰 간판이 걸린 건물이 보였다. 콘크리트로 지어져 평소 보던 목조 건물의 전통적인 사찰 분위기는 없었다. 그래도 입구의 커다란 불상과 본당에서 경건한 기운이 느껴졌다. 유키에가 먼저 기도부터 하겠다며 불상 앞으로 향했다. 두 손을 모으고 눈을 감고, 마음을 담아 드리는 모습에서 괜스레 나도 숙연해졌다.

유키에는 기도를 마치고 나서 초센지에 얽힌 이야기를 들려주었다. 초센지는 '온천이 끊임없이 흐른다'는 뜻으로, 제70대 천황이었던 고레이제이 천황後冷泉天皇이 이곳에서 몸을 담그며 병을 고친 데서 유래했다고 한다. 그 덕에 지역에 있는 조그마한 사찰임에도, 발길이 끊이지 않는 곳이라고 한다. 또한, 태어나지 못하거나 너무 이른 나이에 세상을 떠난 아이들의 영혼을 기리는 곳으로도 유명하다고 했다. 어쩐지, 커다란 불상 아래 자그마한 동자승과 장난감이 빼곡히 놓인 전경이 특이하다고 생각하던 참이었다. 유키에는 돌고래 스노볼 하나를 가리켜, 몇 해 전 자신이 두고 간 선물이라고 했다. 호빵맨 인형, 토마스 기차, 키티 인형……. 살아생전 아이들이 좋아했을 법한 물건들이 놓인 모습을 보니 나도 기도를 올리고 싶어졌다. 작은 종을 울리고, 두 손을

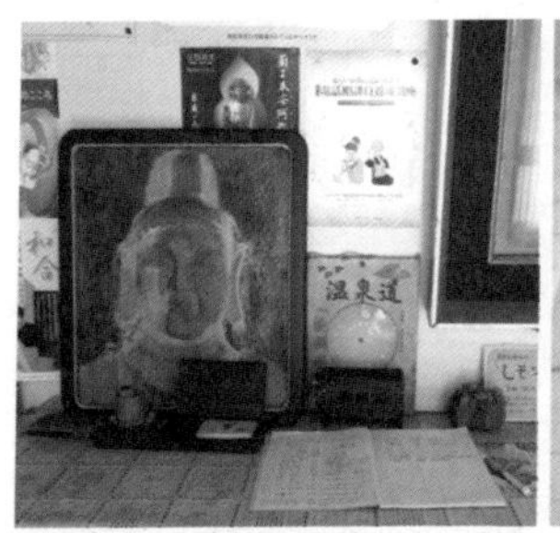

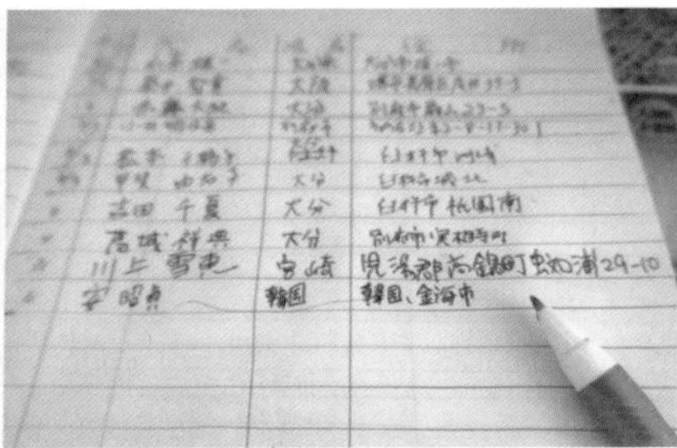

모아 세상 모든 아이들의 행복을 기원했다.

예를 갖췄으니 이제는 온천에 들어갈 차례. 유키에를 따라 향한 곳은 안쪽의 웬 가정집 같은 곳이었다. "실례합니다"라고 크게 말하니 안쪽에서 사찰 관리인으로 보이는 할머니 한 분이 나오셨다. 유키에는 반갑게 할머니와 인사를 나눈 뒤 이름, 나이, 주소와 메시지를 방명록에 남겼다. 그리고 요금함에 돈을 넣었다. 그걸 보고 나도 똑같이 따라했다. 여기서 온천을 하려면 방명록에 신원과 감사 인사를 적어야 하고, 원하는 만큼 요금을 내는 게 규칙이라 한다.

밖으로 향하는 유키에의 뒤를 따라 온천으로 향했다. 유키에가 멈춰 선 곳은 사찰 입구의 허름한 창고 같은 건물 앞이었다. 여기가 온천이냐고 물었더니 그렇다고 하며, 안에 누가 있을지도 모르니 살펴보겠다고 했다. 노크를 하니 안에서 목소리가 들렸다. 전세 온천이고 별도 시간제한이 없어 서로 양보하며 입욕해야 한다는 걸, 그때서야 알았다.

10분 정도 기다려 드디어 안으로 들어갔다. 안쪽에는 돌로 만들어진 탕이 왼편에, 짐을 보관할 수 있는 선반이 오른편에, 큰 창문이 맞은편에 있었다. 그게 전부였다. 보기만 해서는 도통 어디가 좋다는 건지 알 수 없었다. 하지만 피부로 느낀 온천은 기대 이상이었다. 40도 전후의 딱 알맞은 온도에다 물을 하나도 더하지 않은 원천 그대로였기 때문이다. 비밀은 창가에 주르륵 늘어선 양동이에 있었다. 처음에는 웬 양동이마다 물이 가득 차 있나 했는데, 그냥 물이 아니라 온천수였다. 양동이에 미리 온천수를 받아서 식혀두었다가 필요할 때 섞어서 온도를 맞춘다고. 만일 양동이에 있는 물을 쓰면, 빈 양동이를 채워두는 게 규칙이라고 한다. 좋은 물에 몸을 담그기 위해 서로 배려하는 마음이 인상적이었다.

좋은 온천에 들어가니 절로 즐거워져, 서로 밝은 얼굴로 감탄을 연발하기 바빴다. "기분 좋다, 그렇지?" "그러네." 말이 필요 없는 순간, 우리는 눈을 감고 돌로 짜인 탕 가장자리에 머리를 기대고 눕듯이 잠겼다. 졸졸 흐르는 물소리에 귀를 기울이고 창밖 너머 나뭇잎이 흔들리는 모양을 바라보는 시간. 함께 기뻐하고 행복해하며 시간을 보낼 수 있어서 더욱 좋았다.

충분히 온천을 즐겼으니 이제는 떠날 시간. 옷을 갖춰 입고 나서려는데, 입구 모퉁이의 작은 불상이 눈에 띄었다. 마치 온천을 굽어 살피는 것 같은 절묘한 위치에 놓인 불상 옆에는 알록달록한 조화가 놓여 있었다. 비록 겉보기에 볼품없어 보일지 몰라도, 끊임없이 흐르는 온천에 담긴 사람들의 마음만큼은 더없이 귀하고 소중하다는 걸, 가만히 내게 일러주는 것 같았다.

모든 이의 건강을 기원하는 약사여래의 정신을 본받아, 누구에게나 문을 활짝 열어두는 초센지 야쿠시유. 오늘, 좋은 사람과 함께 온천을 즐길 수 있었음에 감사 인사를 올리고 다음 온천을 향해 길을 나섰다.

37도의 이유,
시바세키 온천

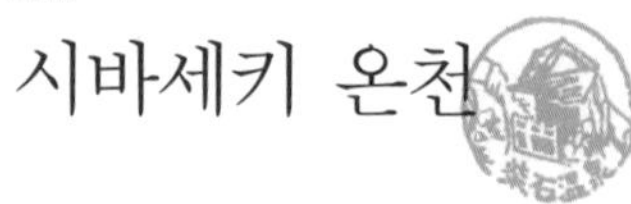

주소 오이타현 벳푸시 노다4구미-1(大分県 別府市 野田4組-1)
영업시간 대욕장 7:00~20:00, 가족탕 9:00~20:00(접수 마감 19:00)
정기휴일 매월 둘째주 수요일
찾아가기 시바세키온센 이리구치(柴石温泉入口)
버스정류장에서 도보 5분
입욕요금 대욕장 210엔, 가족탕 1570엔(60분 기준, 4명까지)
시설정보 샤워기, 대야, 의자 있음, 각종 비품 유료 판매
수질 단순 온천, 염화물천 | **영업형태** 시영 온천

모락모락 김이 나는 뜨끈한 물, 습기로 뿌옇게 된 창문, 열기에 발갛게 달아오른 얼굴……. 보통 온천하면 떠오르는 것들이다. 벳푸 온천도 그랬다. 미지근하다고 이름 붙인 온탕이 40도, 뜨겁다고 하는 열탕이 45도 정도였으니, 어지간히 단련되지 않고서야 몸을 오래 담글 수 없었다. 그런 이유로 시바세키 온천柴石温泉에서도 금방 목욕을 마칠 생각이었다. 보통 30분 내외면 씻고, 입욕하고, 몸을 식히고 나오는 데는 충분했으니까.

떠나는 버스 시간까지 맞춰 계획을 세우고 온천으로 향했다. 버스가 굽이굽이 산길을 지나 인적 드문 정류장에 멈춰섰다. 이정표를 따라 걷자, 이윽고 산장같이 생긴 건물이 나타났다. 실내는 통나무로 된 높고 넓은 천장과 검은 돌로 마감되어 아늑한 분위기였다. 시간이 없으니 더 구경하지 않고 곧장 탕으로 이동했다.

온천은 고맙게도 온탕과 열탕으로 나뉘어 있었다. 자신 있게 온탕에 몸을 담갔는데, 어라. 온탕 맞나요? 누군가에게 물어보고 싶을 만큼 뜨거웠다. 그래도 못 버틸 정도는 아니라서 3분 정도 땀을 삘삘 흘리다 나왔다. 문득 열탕이 궁금해 슬쩍 발을 넣어봤다. 발끝에 찌릿찌릿 전기가 통할 만큼 뜨거워 전신 입욕은 시도조차 하지 않았다. 온천 명인 타이틀을 거머쥐겠다는 목표를 가진 것 치곤 포기가 빠르지 않은가 생각했지만, 이미 그런 종류의 좌절을 많이 겪은 터라 겸허히 받아들이고 돌아섰다. 대신 노천탕으로 나가기로 했다. 얼른 시원한 공기를 마시고 싶어 성큼성큼 걸어가 단번에 입수했다. 몸을 담그자마자 깨달았다. 시바세키 온천에 온다면 반드시 노천탕에 들어가야 한다는 걸! 미지근한 온천이 부

드럽게 몸을 감싸는 느낌에 달아올랐던 피부가 안정되었다.

만족한 낯빛으로 앉아 있으려니 시선이 느껴졌다. 고개를 돌리니 탕 안쪽에서 할머니 한 분이 나를 바라보고 있었다. 눈이 마주치자 이렇게 말을 걸어왔다. "아까 있던 사람은 오키나와에서 왔대. 멀리서도 오네." 그 말에 왠지 질 수 없어서 또 국적 고백을 했다. "저는 한국에서 왔어요." 할머니의 눈이 동그래졌다. 그 반응에 신이 나 여행 이야기를 두서없이 늘어놓고 말았다. 할머니는 시바세키 온천에 자주 온다며 이렇게 말했다. "나는 일흔넷인데, 시영 온천 무료 입욕권이 나와. 벳푸 최고지?" 그 말에 엄지를 들어 보이며 고개를 끄덕였다. 맥락 없는 대화인데도 재미있었다. 어쨌건 핵심은 '벳푸 온천 만세'였으니까.

할머니는 온천을 떠나려는 듯 일어서며 내게 질문을 했다. "무시유, 들어가봤어? 한번 들어가봐." 노천탕에 정신이 팔려 놓치고 있었는데, 노천탕 앞에 찜질을 할 수 있는 작은 오두막이 있었다. 워낙 찜질에 약해서

들어가지 않을 생각이었지만, 이유를 구구절절 설명하기 어려워 그러겠다고 대답했다. 할머니는 천천히 즐기라는 인사를 남기고 떠났다. 그렇게 짧은 만남이 마무리되었다.

홀로 남겨지고 나서야 노천을 둘러싼 수수하고 아름다운 풍경이 눈에 들어왔다. 탁 트인 전망은 없었지만, 조금만 고개를 들면 보이는 산자락이 멋졌다. 바람의 모양대로 시시각각 변하는 나무, 구름이 흘러가는 모습을 바라보며 한참을 머물렀다. 시계를 보니, 무려 25분 동안 입욕 중이었다. 역대 신기록이었다. 더 놀라운 건, 나오고 싶지 않았다는 점! 이미 버스 시간 따위는 안중에도 없었다. 물이 아니라 부드러운 공기에 둘러싸인 듯, 기분 좋은 순간을 더 오래 즐기고 싶었으니까.

얼마 지나지 않아 노천탕의 문이 열리고 누군가 들어왔다. 어? 좀전의 할머니였다. 빙긋 웃는 얼굴로 다가와선 내게 음료 한 병을 건넸다. 그러고는 말했다. "무시유에 들어간다는데, 마실 게 없는 것 같아서 주는 거야. 마실 물 없이는 위험하니까." 전혀 생각지도 못한 전개였다. 따뜻한 마음 씀씀이에 감동했다. 그저 감사 인사만 거듭 반복했다. 할머니는 손을 흔들며 온천을 떠났다.

그래서 생각지도 않았던 무시유 입욕에 도전했다. 음료수를 손에 꽉 쥐고 안으로 들어갔다. 뜨겁고 진한 향의 온천 습기가 온몸의 숨구멍을 틀어막는 느낌이었다. 당황했지만 참고 버티려 노력했다. 그리 오래 지나지 않아 탈출했지만. 나오자마자 할머니가 주신 음료수를 벌컥벌컥 들이켰다. 자연스럽게 노천탕으로 걸음을 옮겼다. 그리고 깨달았다. 노천탕이 미지근한 이유를.

시바세키 온천의 노천탕 온도는 37도 정도라고 한다. 온천수가 이 정도로 미지근 한건 다름 아닌 무시유를 위한 거였다. 찜질 후 노천탕에 들

어가니 그렇게 상쾌할 수가 없었다. 미지근한 물이라 몸에 무리를 주지 않고 달아오른 몸을 식힐 수 있었다. 얼마나 지혜로운 온도인지, 감탄했다. 그 이후로도 망부석처럼 한동안 노천탕을 떠나지 못했다.

원천이 50도가 넘는 시바세키에서 굳이 37도의 노천탕을 만드는 데에는 분명한 이유가 있었다. 숫자만 봐서는 짐작도 할 수 없었지만, 직접 몸을 담가본 사람들이라면 그 진가를 충분히 알 터. 무시유의 뜨거움을 은근하게 식혀줄 고마운 물이자 더운 여름날에도 쾌적하게 온천을 즐길 수 있는 행복한 물이고, 어린이도 안심하고 데려와 온천의 추억을 만들어줄 수 있는 즐거움의 물이니까. 곰곰이 생각해보니 내게도 선물이었다. 37도의 온천 덕분에, 오래오래 머무르며 잊지 못할 추억을 선물 받았으니 말이다. 고맙습니다, 37도의 시바세키 온천.

Tip

건강한 입욕을 위한 온천 안전 수칙

온천에 들어가기만 하면 피곤이 풀리고 건강해질 것 같지만 적절하지 않은 입욕은 오히려 병이나 사고를 부르는 원인이 되기도 한다. 입욕 안전 수칙을 살펴보자.

1) 음주 후

혈압 문제를 일으켜 위험하다. 고온의 온천은 전신의 혈액순환을 촉진하므로 빨라진 혈류를 타고 알코올이 급속도로 번져 부정맥이 발생할 가능성이 크다. 또한, 취기가 급속도로 올라오면 몸을 잘 가누지 못해 부상 사고를 유발할 수도 있다. 특히, 만취 후 입욕은 절대 금물. 대신 온천 후 음주는 괜찮다고 한다. 다만 30분 정도 열기를 식히고 나서 마실 것을 권한다.

2) 식사 직후

배불리 먹고 온천에 잠기는 것, 상상만으로도 좋다. 하지만 의외로 몸에는 좋지 않다. 식사 직후에 목욕을 하면 혈액이 전신으로 분산되어 소화 불량을 유발한다고 한다. 평소 소화 기능이 많이 떨어져 있다면 식후 목욕 시에는 최소 30분 정도 시간을 두고 입욕하자.

3) 운동 직후

강도 높은 운동을 한 뒤 곧바로 온천에 들어가면 오히려 피로가 더 많이 쌓인다. 운동 후 근육에 쌓인 젖산을 배출하기 위해서는 강한 혈류가 필요한데, 온천에 곧바로 들어가면 혈류가 전신으로 분산되어 약해지기 때문이라고 한다. 따라서 30분 이상 휴식을 취하며 심박수가 정상으로 돌아왔을 때 입욕하자.

4) 감기에 걸렸을 때

감기에 걸렸을 때 온천에 들어가면 오히려 증세를 악화시킬 수 있다. 특히 발열이 있을 때 온천에 들어가면 체온이 급격하게 변화하여 몸에 부담을 주기 때문에 삼가야 한다. 발열이 나타날 때는 3일 정도 온천을 중단하는 것이 좋고, 발열이 없을 때는 수분을 충분히 섭취한 뒤 미지근한 탕에서 짧은 시간 안에 목욕을 끝내는 것이 좋다.

5) 이른 아침이나 새벽

아침 목욕은 온천 마니아들의 로망이지만, 일어난 뒤 곧바로 온천에 가는 건 위험할 수 있다. 기상 직후에는 수면 중 흘린 땀이나 소변으로 수분이 배출되어 혈액 농도가 높아져 있는데, 이때 온천에 들어가면 혈액덩어리가 혈관을 막을 수 있다. 특히 노인이나 혈관질환이 있는 환자의 경우, 뇌경색이나 심근경색까지도 초래할 수 있다. 위와 같은 상황을 방지하려면 입욕 전 물 한 잔을 마시자. 또, 미지근한 온도부터 입욕하여 서서히 온도를 높여가도록 하자.

6) 날씨가 추울 때

쌀쌀할수록 온천이 생각나지만, 사실은 이때가 가장 위험하다. 2017년 11월 29일 『오이타 합동신문』의 보도에 따르면, 오이타현 내에서 1년간 무려 178명이 목욕 중 사망했다고 한다. 그중 겨울부터 초봄까지 사망자가 68퍼센트에 이르며, 가장 높은 사인은 심장질환이었다고. 실외와 실내의 급격한 온도 차에 노출되면 심근경색, 뇌경색, 뇌출혈이나 심장마비, 어지럼증이 발생하기 쉬운데, 이러한 증세를 '히트 쇼크'라고 한다. 다음과 같은 수칙만 지켜도 이를 예방할 수 있다.

첫째, 노천 온천으로 이동하기 전에는 실내 온천에서 미리 몸을 데운 후 이동하자.

둘째, 고온의 온천에 15분 이상 입욕하지 말자.

셋째, 입욕 전후로 수분 섭취를 충분히 하자.

넷째, 입욕 직후 급격한 온도차에 노출되지 않도록 복장을 든든히 갖추자.

7) 온천 후 이상 증세가 있을 때

온천 후 이상 증세가 나타나는 경우도 있다. 먼저 '유아타리湯中り'는 특정 온천 성분에 이상 반응을 보이는 것을 말한다. 입욕 후 2~3일 후부터 일주일 사이에 무기력증, 현기증, 구토, 식욕부진, 복통, 설사, 두통, 오한 등 다양한 증세가 동반된다. 산성이나 유황 온천 후 증세가 나타나는 경우가 많다고 한다. 평소 어떤 온천이 몸에 잘 맞지 않는 것 같다면 꼭 기억해두자.

그리고 온천 직후에 나타나는 일시적인 이상 증상을 '노보세のぼせ'라고 하는데 열사병과 비슷하다. 이런 증상이 보이면 즉시 온천을 중단하고 서늘한 곳에서 휴식을 취하자. 마지막으로, 단시간에 온천욕을 자주 하면 생길 수 있는 증세를 '유즈카레湯疲れ'라고 한다. 이를 피하기 위해서는 이틀에 3회 정도 입욕을 권한다. 온천 명인에 도전하다

보면 단기간에 여러 번 온천욕을 하게 되는데, 이때는 반드시 몸 상태를 잘 살펴가며 입욕해야 한다.

참고자료

재단법인 일본건강개발재단財団法人 日本健康開発財団, 「온천 입욕 Q&A」
www.jph-ri.or.jp/member/qa/index.html

마지막 무대

지금 만나러 갑니다
이색 온천

벳푸팔탕을 모두 정복했는가? 하지만 끝날 때까진 끝난 게 아니다. 온천 명인 도전에서 가장 접근하기 어려운 끝판왕, 쓰카하라 온천과 기타 온천 지역이 남았다. 쓰카하라 온천은 벳푸시가 아닌 유후시에 있는 데다 대중교통으로는 접근하기 어렵고, 기타 온천 지역은 벳푸 구석구석에 있어 좀처럼 찾아가기가 쉽지 않다. 하지만 색다른 온천을 찾는다면 놓치지 말아야 할 곳이다. 레벨업을 하고 싶다면 과감히 도전해보자.

짜릿짜릿 화산의 맛,

쓰카하라 온천 가코우노이즈미

주소 오이타현 유후시 유후인초쓰카하라1235
(大分県 由布市 湯布院町塚原1235)

영업시간 6~8월 9:00~19:00(접수 마감 18:00)
9~5월 9:00~18:00(접수 마감 17:00)
연말연시 및 동절기 적설 시 휴무

입욕요금 실내탕 500엔, 노천탕 600엔,
가족탕 2000엔(60분, 대인 2명, 소인 2명 기준)

시설정보 대야, 의자 있음 *샴푸·비누 사용 금지

수질 산성천 | **영업형태** 외탕

굳이 여기까지 가야 할까? 쓰카하라 온천塚原温泉을 처음 알았을 때 든 생각이었다. 벳푸만 해도 가볼 만한 곳이 이렇게나 많은데, 게다가 대중교통으로 가기조차 힘든 이곳이 어째서 온천 명인도 시설로 지정되었을까. 매번 혼자 뚜벅이로 다녔기에 궁금하기는 했어도 가볼 기회가 좀처럼 주어지지 않았다. 그러다 우연히 온천 친구 유키에가 '꼭 가보고 싶은 곳'이라며 동행할 것을 제안했다. 절호의 기회, 마다하지 않고 쓰카하라 온천으로 길을 나섰다.

가는 길은 꽤 험난했다. 간나와 온천에서 출발해 꼬박 40분 정도 구불구불 산길을 달려야 했다. 가는 동안 유키에가 쓰카하라에 대해 소개해주었다. 쓰카하라 온천은 일본 3대 약탕으로 불리는 곳으로, 보기 드문 강산성 온천을 즐길 수 있기로 유명하다. 또한, 활화산인 가란다케伽藍岳에 위치해 분화구를 직접 볼 수도 있다. 지금은 온천 마을로 친숙한 유후인이 있는 유후시에 속해 있지만, 과거에는 벳푸에 속했다. 게다가 지질학적으로 묘반 온천의 산성과 유황천이 이곳에서 유래했다고 한다. 그런 이유로 아마 '벳푸 온천 명인도 시설' 중 하나로 등록된 게 아닐까 한다고 유키에는 자신의 생각을 들려주었다.

험난한 드라이브 끝에 도착한 주차장은 예상외로 차가 가득했다. 깊은 산속 온천을 찾는 사람이 이렇게나 많다니 놀라웠다. 우리는 먼저 분화구를 견학하기로 했다. 10분이면 도착하는 짧은 길이었지만, 제법 가파른지라 절로 숨이 가빠졌다. 정상에 가까워질수록 연기가 피어오르는 풍경이 예사롭지 않았다. 활화산 분화구를 보는 건 난생처음이라 흥분과

긴장을 감출 수 없었다.

드디어 정상에 도착했다. 휑뎅그렁하고 삭막한 바위산에 유유히 피어오르는 하얀 연기와 푸른 온천이 나타났다. 그 풍경을 보고 있자니, 어느 외계 행성에 불시착한 것 같은 착각마저 들었다. 보통의 분화구라면 방독면이나 마스크를 껴야 하지만, 이곳은 가스가 강하지 않아 맨몸으로 가까이에서 관찰할 수 있었다. 여기에서 솟는 원천이 쓰카하라뿐만 아니라 묘반 온천에까지 이어진다니 자세히 보고 싶었다. '온천 덕후'의 눈으로 화구 구석구석을 관찰했다. 어디에서 가스가 솟는지, 온천 색은 어떤지, 파이프가 어떻게 연결되어 있는지 살펴보며 즐거운 한때를 보냈다.

올라왔던 길을 다시 내려가, 이번에는 온천으로 향했다. 오두막처럼 생긴 온천의 문을 열고 들어가자 탕 안은 이미 가득했다. 당황한 우리를 보고, 사람들이 친절하게 조금씩 자리를 만들어주었다. 감사 인사를 건네며 조심스레 발을 넣자마자 피부 표면에서 찌릿찌릿한 감각이 온몸을 타고 흘렀다. 흡사 전기가 흐르는 것 같은 강렬한 입욕감. 유키에도 감탄사를 내뱉었다. 이상하게 한쪽 발목이 따끔거려 보니 간밤에 모기에 물린 상처 자국이 있었다. 이게 산성천의 힘이구나. 감탄하고 있으니 주변에서 넌지시 말을 걸어왔다. "여기 온천이 아토피나 피부염에 좋대요. 우리는 후쿠오카에 사는데 한 달에 한 번 정도 와요." 일본 3대 약탕으로 명성이 자자한 만큼 전국 각지에서 방문하는 모양이었다.

호기심이 발동해 파이프에서 흐르는 맑은 온천을 한 모금 맛보니 눈

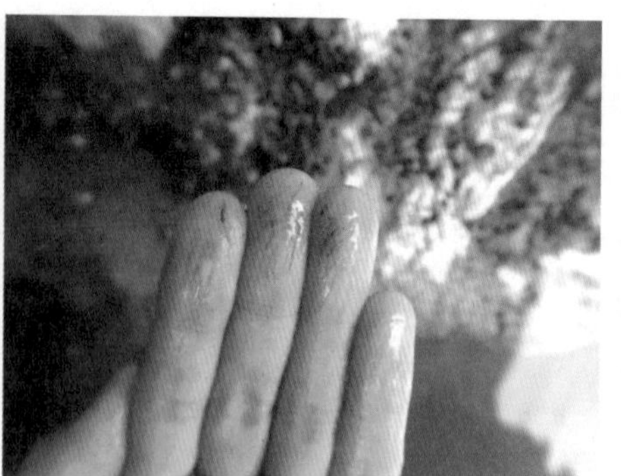

살이 절로 찌푸려지는 신맛이 났다. 마치 금속성 물체를 입에 물고 있는 것처럼 입이 썼다. 그런 나를 보더니 유키에가 경고했다. "다 괜찮은데, 세수만큼은 피해. 눈이 엄청 아플 거야." 덕분에 고통스러운 세수는 피할 수 있었다.

계속해서 온천을 관찰하던 중 이상한 걸 발견했다. 초록 이끼가 바위 표면에 가득 붙어 있었다. 이끼를 문지르니 손가락에 잔뜩 묻어났다. 궁금한 표정을 짓자 아주머니가 답을 알려주었다. "그거, 온천 물질이야." 미끄덩거리는 침전물은 물속에 담그자 이내 흩어졌다. 녹색 침전물은 난생처음 보는 것이라 몰랐는데, 새롭게 뽑아낸 산성천에서 나오는 온천 물질은 초록 혹은 노란빛을 띤다고 한다. 철 이온 함량이 전국 1위, 산성도와 알루미늄 이온 함량이 전국 2위라는 프로필을 가졌으니 이런 비주얼이 가능한 거구나. 황량한 분화구에서 이렇게 풍부한 온천이 쏟아진다니, 대지의 신비라고 밖에 표현할 길이 없었다.

화구에서 갓 뿜어져나온 초록빛 온천에 온몸을 담그고 초여름의 신록을 바라보니 온몸이 초록으로 물드는 것 같았다. 진한 온천이 몸을 감싸는 느낌에 반해버렸다. 그 많던 사람들이 모두 사라질 때까지, 우리는 한참을 말없이 온천에 잠긴 채 각자의 평화로운 한때를 보냈다.

돌아가는 길에 유키에가 달걀 하나를 건넸다. "여기 명물인데, 분화구 증기에 찐 거라 더 맛있대." 강산성 온천수에 달걀을 삶으면 껍데기가 녹아내리는 까닭에, 대안으로 찾은 방법이 온천 증기였다고 한다. 보통의 온천달걀과는 다르게 온천 향이 거의 없었고, 고소한 감칠맛이 내내 입안에 맴돌았다.

볼거리와 즐길거리 그리고 먹을거리까지 색다른 즐거움을 선사해준 쓰카하라 온천. 짜릿짜릿한 화산의 맛이 궁금하다면 꼭 가보기를 권한다.

혼자가 딱!

히다마리 온천 하나노유

주소 오이타현 벳푸시 다케노우치2-2(大分県 別府市 竹の内2-2)
영업시간 10:00~23:00, 연중무휴
찾아가기 이마이(今井) 버스정류장에서 도보 1분
입욕요금 전세 평일 1800엔, 주말 2000엔
*평일 10시~17시 단독 이용 시 600엔
시설정보 샤워기, 대야, 의자 있음, 샴푸·린스 등 비품 있음
수질 염화물천 | **영업형태** 외탕

혼자서 온천 여행을 한다고 얘기하면 사람들의 반응은 대부분 비슷했다. 심심하지 않겠냐는 거였다. 부정하기는 했지만 나도 처음에는 내심 걱정이 되기는 마찬가지였다. 낯선 해변에서 홀로 있는 것만큼 온천에 혼자 몸을 담그는 것 또한 외롭지 않을까 걱정했다.

그런데 웬걸, 쓸데없는 걱정이었다. 아니 오히려 다행이라고 생각되는 순간이 더 많았다. 어느 누가 종일 온천에만 다니는 일정을 함께 소화해 줄 것인가. 어느 누가, 나의 이 지독한 온천 명인을 향한 집념을 이해해줄 수 있을 것인가. 게다가 벳푸 온천들은 저마다의 색깔이 있어 단 한 곳도 지루하게 느껴지는 곳이 없었다. 이번에 소개할 온천은 한술 더 떠 혼자여야 더 좋은 곳이다. 1인 온천 여행을 한다면 놓치지 말아야 할 곳, '히다마리 온천 하나노유陽だまり温泉 花の湯'를 소개한다.

히다마리 온천 하나노유는 간나와 온천에서 차로 7분 정도 거리에 있는 곳으로, 관광지와는 다소 떨어진 마을에 있어 아는 사람들만 찾아가는 온천이다. 멀리서도 사람들이 찾아오는 데는 그만한 이유가 있다. 바로 꽃과 식물이 가득한 방에서 온천을 즐길 수 있기 때문. 사실 이곳은 원래 온천 증기를 이용한 식물원이었는데 온천으로 개조해 사시사철 푸른 나무와 예쁜 꽃을 보며 온천을 이용할 수 있도록 만들었다고 한다.

대중교통으로 찾아가기 애매했지만 독특한 온천을 경험하고 싶었기에 주저하지 않고 가기로 했다. 택시를 타고 하나노유에 도착한 시간은 평일 아침 열시 이십분. 마침 비까지 추적추적 내리고 있어 온천 안은 더욱 조용했다. 들어서자, 아주머니 한 분이 접수대에 계셨다.

"온천 이용하실 건가요?"

"네."

"혼자이신가요?"

"네."

"그럼 온천을 골라주세요"라는 말과 함께 보여준 것은 온천 사진들이었다. 꽃들이 가득한 모습에 눈이 휘둥그레졌다. 각 방은 꽃 이름이 붙어 있었는데 벚꽃, 난, 백합, 장미, 수국, 제비꽃, 안개꽃, 해바라기, 민들레로 총 아홉 개였다. 갑자기 많은 꽃을 보니 결정장애가 와 아주머니께 조심스럽게 추천을 부탁했다. 가장 인기 있는 방은 벚꽃과 난인데, 지금은 난 방이 향기가 가장 좋을 거라고 하셨다. 그렇다면 난으로 결정!

온천을 결정했으니, 요금을 낼 차례. 온천은 모두 전세 탕으로 운영되기 때문에 요금은 평일 1회 60분 기준 1800엔으로 저렴한 편은 아니다. 그래서 혼자가 아닌 둘, 혹은 서넛이 오는 게 보통이다. 만일 혼자서 전세 요금을 다 내야 했다면 주저하며 고민했을 거다. 하지만 평일 오전 10시부터 오후 5시 사이에 혼자 이용하는 고객에게는, 3분의 1 가격인 600엔에 전세 탕을 내어준다는 사실! 평일 낮 시간대에는 가족 단위 방문이 드물어서 할인 정책을 내놓은 게 아닌가 싶었다. 혼자여서 더없이 좋은 순간이었다. 가벼운 마음으로 요금을 내고, 열쇠를 받아들고 드디어 온천으로 향했다.

복도를 따라 푸른 나무와 풀들이 무성하게 자라고 있어 온실에 들어왔음을 실감할 수 있었다. 아직 본격적인 입욕을 시작하지 않았는데도, 반짝반짝 생기를 머금은 식물들을 볼 수 있어 기대감이 더욱 높아졌다. 내가 골랐던 '난' 방은 입구에서 그리 멀지 않은 곳에 있었다. 접수처에서 받았던 '입욕 중' 팻말을 입구에 걸어두고 들어갔다.

문을 열고 들어가자 드라이어 등 비품이 갖춰진 탈의실 공간이 나왔고, 한 번 더 문을 열면 온천탕이 나오는 구조였다. 성인 세 명 정도는 충분히 들어갈 만한 크기의 탕에 계속해서 온천수가 흘러나오고, 정면에는 울창하게 우거진 나무숲 사이 난이 활짝 피어 있었다. 온실 속 꽃과 함

께 즐기는 온천이라니, 난생처음 보는 광경에 한참을 두리번거렸다. 위를 올려다보니 온천수가 파이프를 타고 공급되고 있었다. 떨어지는 온천수를 맞으며 식물이 자라는 것이다.

탕에 몸을 담그고 가까이 다가가자, 난 향기가 코끝을 간지럽혔다. 깊숙이 숨을 들이마시며 진한 꽃향기를 음미했다. 미소가 절로 번졌다. 온천수가 피부로 촉촉하게 스며드는 황홀한 감각에, 눈을 지그시 감았다. 빗방울이 유리 온실 천장을 경쾌하게 두드리는 소리, 쏟아지는 온천수가 찰박이는 소리가 선명하게 울렸다. 아무 말도 하지 않고, 아무 생각도 하지 않아도 되는 시간. 몸을 씻는 것처럼 마음도 씻을 수 있다면 얼마나 좋을까 생각했던 적이 종종 있었는데, 이 순간만큼은 마음이 깨끗하게 정화되는 것 같았다. 가만히 있는 것만으로도 충만한 시간. 온천에 홀로 간다는 것은 그런 시간이 필요하기 때문이 아닐까.

어느새 한 시간이 훌쩍 흘렀다. 어쩐지 아쉬운 마음에 작은 아이스크림 하나를 골랐다. 달콤하고 시원한 아이스크림이 혀끝에 닿아 목으로 넘어갈 때의 상쾌함이 온천의 여운을 길게 늘여주었다.

그렇게 쉬고 있을 무렵, 한국에서 전화가 걸려왔다.

"우리 딸 뭐하니?"

"응, 온천 끝나고 아이스크림 먹어요."

"혼자 외롭지 않아?"

"아니요, 혼자라서 더 좋은데요."

"그래, 건강하고 재미있게 여행하고 와."

그제야 자리에서 일어날 마음이 들었다. 혼자서 보낸 이 시간을 모아서 언젠가 사랑하는 사람들에게 전해주겠다고 다짐하면서, 나는 히다마리 온천 하나노유를 떠났다.

Tip

벳푸 온천 명인 등록하기

드디어 마지막 관문만이 남았다. 벳푸 온천 명인이 되기 위한 필수 코스, 온천 명인에 등록하는 방법을 소개한다. 온천 명인에 등록하는 방법은 두 가지다. 첫째는 벳푸 시청 내에 있는 벳푸시 관광협회에 방문해 등록하기. 둘째는 우편으로 등록하기. 나는 외국인인 데다 단기 여행자 신분이므로 직접 방문하기로 했다. 그럼 온천 명인이 되어보러 가볼까요?

벳푸 시청은 벳푸역에서 버스로 5분, 걸어서 20분 정도로 가까운 거리에 있다. 시청 로비에 들어서면 벳푸 마스코트인 '벳퓽べっぴょん'을 발견할 수 있는데, 벳퓽을 기준으로 로비 오른쪽으로 직진하면 '시민 살롱市民サロン'이라고 적힌 입구가 나온다. 그 안으로 들어가면 벳푸시 관광협회가 나온다.

도착하면 창구에다 온천 명인 등록 의사를 밝힌 뒤 스파포트를 제출하고 등록 수수료를 지불하면 된다. 수수료는 카드결제가 되지 않으니 반드시 현금으로 준비해야 한다. 참고로 수수료는 초단부터 10단까지는 각 600엔이고, 명인에 해당하는 11단은 2천엔이다. 만일 중간 단수에 등록하면, 최후에 명인 등록 시 다시 수수료를 내야 한다. 그래서 현지인들은 도장을 끝까지 모은 뒤 한 번에 명인 타이틀을 획득한다고 한다. 하지만 시간이 얼마나 걸릴지 알 수 없는 단기 여행자라면, 성취감을 맛볼 수 있도록 중간 등록도 추천한다.

접수를 마치고 기다리는 동안 천천히 협회 사무실을 둘러보았다. 벳퐁 굿즈가 눈에 띄었다. 굿즈 강국답게 종류도 참 다양했는데, 보다보니 빠져들어 결국 키링을 구매했다. 벳푸 관광 홍보물도 비치되어 있어 정보를 얻기에도 좋았다. 얼마 뒤 직원이 부르는 소리가 들렸다.

"등록 완료했습니다. 온천 명인이 되신 것을 축하합니다!"

눈앞에는 단위 인증서와 안내문, 그리고 동경해 마지않던 검은 바탕에 금색 자수가 놓인 온천 명인의 수건이 놓여 있었다. 드디어, 제7843대 온천 명인이 되고 말았다. 인증서에는 무려 '벳푸팔탕 온천도 실행위원회 실행위원장'님의 격려 인사가 함께 적혀 있었다. 내용은 다음과 같다.

귀하는 벳푸팔탕 온천도 88곳의 온천에서 입욕 수행을 거듭, 모든 온천의 물을 맛보고, 몸도 마음도 벳푸팔탕에 담가 온천의 본질을 알게 되어 온천도 명인이 되었음을 인정합니다. 앞으로도 계속 벳푸팔탕을 사랑해주시고, 거듭 정진해 나갈 것을 기원합니다.

감격스러운 마음에 사진을 꼭 남기고 싶었다. 벳푸의 온천 수증기 풍경 사진이 걸린 포토존에서 인증서, 수건, 스파포트를 들고 사진을 찍었다. 누가 보면 세계 최초 온천 명인이라도 된 것 마냥 세상에서 가장 뿌듯한 웃음이 얼굴 가득 번져나갔다. 그렇게 온천 명인이 되었다.

뭉게뭉게 피어오르는 온천 수증기를 따라서, 코끝에 번지는 유황냄새를 따라서, 온천의 친절하고 정겨운 사람들을 따라서 걷다보니 어느새 온천 명인이라는 목표를 달성했다. 3단, 9단, 그리고 마지막 명인에 이르기까지, 그때마다 등록한 인증서가 내게 큰 용기를 주었다. 그러니 만일 벳푸 온천 명인에 관심이 있다면 작은 단수부터 도전해보자. 초단은 온천 여덟 곳에 들어가기만 하면 등록할 수 있다. 세상 쓸데없지만, 소중하게 간직할 수 있는 인증서와 덤으로 초단용 수건도 선물로 받을 수 있다. 입단을 계기로 온천 명인에 도전할 용기가 생길지도 모른다.

아니, 그렇지 않다고 해도 상관없다. 벳푸 온천에서의 행복을 추억할 수 있는 것만으로도 충분할 테니. 오늘의 내가 이룬 작은 성취를 충분히 축하하고 기뻐하는 일, 그게 내가 온천 명인 등록을 통해 얻은 작은 행복의 비결이었다.

+ 온천 도장 두 개로도 온천 명인 초급이 될 수 있다!

짧은 일정으로 벳푸를 다녀간다면, 온천 여덟 곳에 입욕하기도 어렵다. 그런 단기 체류 관광객들을 위해 벳푸시 관광협회에서는 온천 도장 두 개로도 입단할 수 있는 초급 제도를 운영하고 있다. 참여 방법은 간단하다. 스파포트 구매 후, 온천 두 군데에서 입

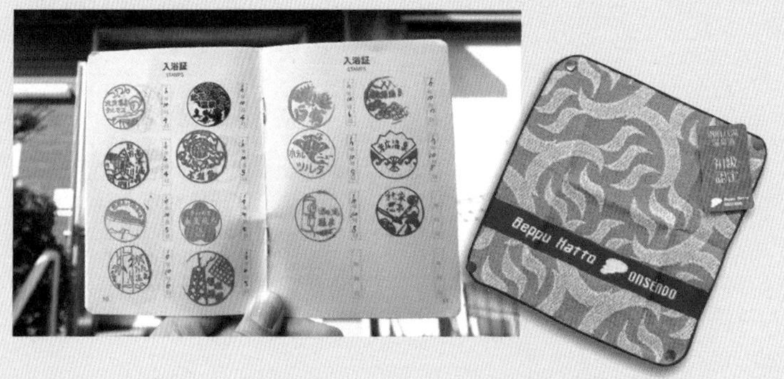

욕하고 도장을 받아오면 된다. 그리고 벳푸역 내 관광 안내소 또는 벳푸시 관광협회에서 신청하면 끝! 수수료는 500엔이며, 초급에 등록하면 핸드타월과 함께 초급 인증 카드 세트를 받을 수 있다. 초급 등록으로 벳푸 온천의 추억을 남겨보자.

주소 오이타현 벳푸시 가미노구치초1-15(大分県 別府市 上野口町1-15) 벳푸시청 벳푸팔탕 온천사무국 | **운영시간** 평일 9:00~18:00 | **등록요금** 1단~10단 각 600엔, 11단 2000엔 | **혜택** 각 단 입단 시 인증서 및 수건 증정, 7단 이후부터는 온천 무료 & 50% 할인 우대권 증정

마치며

계속 목욕하겠습니다

아마도 20년 만이었다. 이름 석 자 박힌 상장에 신이 났던 건. 낡은 피아노 위, 상장 액자가 네 개가 되었다. 온천 명인에 입단할 때마다 받아온 것들이었다. 3단, 9단, 11단. 그리고 후로 마라톤 완주인증서까지. 뿌듯한 얼굴로 다소 황당한 이야기를 늘어놓는 내게 부모님은 말없이 상장 크기를 묻고는 액자를 사다주셨다.

온천을 만나기 전, 나는 인생에 피로를 느끼고 있었다. 특별히 행복하지도 불행하지도 않은 삶, 매일 반복되는 하루들. 남들에게 드러내 하소연하기에는 평범해서 한 줌 이야깃거리도 되지 않을 것 같은 보통의 나날들이 나를 무기력하게 만들었다. 그러던 어느 날 여행길에서 우연히 온천에 몸을 담그고는 돌이킬 수 없게 되었다. 이상하게도 목욕 가방을 들고 낯선 골목을 거니는 상상을 자주 했다. 더는 참을 수 없을 때 상상은 현실이 되었다. 그리고 결국에는 벳푸 온천 명인이 되고 말았다.

사람들은 묻는다. 온천이 뭐가 그렇게 대단하냐고, 어디가 좋은 거냐고. 사실, 이 질문에는 수십, 수백 가지 답도 내어줄 수 있다.

"저는 한여름에도 뜨거운 물로 샤워를 할 만큼 뜨거운 물을 좋아하고요, 게다가 수질도 좋죠, 할머니들과 나누는 대화도 즐겁고요, 향기로운 냄새와 보송보송한 수건의 감촉도 좋고, 목욕 후에는 아무거나 먹어도 다 꿀맛이거든요."

가끔은 스스로도 궁금했다. 온천이 이렇게까지 좋을 일인가 싶었다. 곰곰이 생각해보니 굳이 목욕 가방 들고 낯선 동네를 거닐었던 건, 사람들이 거기에 있었기 때문이었다. 알몸의 기념사진을 찍어준 할머니, 온천 법도를 가르쳐준 아주머니처럼 이름 모를 사람과의 만남이 나를 자석처럼 온천으로 이끌었다. 특별한 인연들도 있었다. 온천 명인 선배님 오쿠보 씨, 벳푸 온천 길잡이 미치루 씨, 첫 온천 친구 유키에까지. 모두가 한마음으로 응원해주었기에 온천 명인이 될 수 있었다.

때로는 온천을 둘러싼 사람들이 만드는 풍경에서 온기를 얻었다. 수행하듯 꼼꼼히 몸을 씻고, 명상하듯 눈을 감고 온천에 몸을 맡기는 사람들. 그들을 가만히 바라보고 있는 것 자체가 내게 작은 위로가 되었다. 삶이란 건 거창한 게 아니라고. 온천에서 몸을 단정히 하는 일처럼, 그저 매 순간을 열심히 살면 된다고 말을 걸어오는 것 같았다. 온천을 만난 뒤, 평범한 매일 그리고 보통의 나를 조금 더 좋아하게 되었다. 하지만 하나하나 설명하기보다 질문자에게 되묻고 싶다. "좋아하는 일은 모두 특별

온천을 만난 뒤
평범한 매일, 보통의 내가 더 좋아졌다.

하지 않나요?" 사랑에 빠지면 연인이 세상 누구보다 특별한 존재로 느껴지는 것처럼, 온천을 사랑하기 때문에 온천이 내게 대단할 뿐.

물론, 온천은 행복을 여는 만능열쇠가 아니다. 다만 누구나 작고 확실한 행복을 가질 수 있다고 믿는다. 귀를 기울이고, 마음을 열고, 순간을 느낄 수만 있다면. 만약 몇 년 전 그날 온천에 가지 않았다면, 그때 느낀 행복의 감각을 대수롭지 않은 일로 여겼다면 내게는 아무 일도 일어나지 않았을 것이다. 벳푸 온천 명인 도전 길에서 얻은 가장 값진 것은 상장도 수건도 아닌 언제든 행복을 찾을 수 있다는 믿음이었다. 그리고 그건 누구에게나 유효할 거라는 희망도 함께였다.

글을 쓰는 동안 계속 떠올렸다. 온천 밖으로 풍기는 향긋한 비누냄새, 조금은 소란스러운 듯 활기찬 사람들의 소리, 김이 모락모락 피어오르는 따끈한 온천탕의 모습, 뜨거운 물을 한 바가지 가득 떠서 몸에 끼얹을 때의 짜릿한 그 기분을. 개운한 몸과 마음으로 마시는 우유 한 모금의 고소함을. 이쯤 생각하니 아, 참을 수 없다. 온천에 가고 싶다.

그러니까, 앞으로도 계속 목욕하겠습니다.

온천 명인이 되었습니다

목욕 가방 들고 벳푸 온천 순례

1판 1쇄 2019년 2월 27일
1판 2쇄 2019년 7월 17일

지은이 안소정
펴낸이 정민영
책임편집 김소영
편집 임윤정
디자인 표지 위앤드 본문 이현정
마케팅 정민호 이숙재 양서연 안남영
제작처 영신사

펴낸곳 (주)아트북스
브랜드 앨리스
출판등록 2001년 5월 18일 제406-2003-057호
주소 10881 경기도 파주시 회동길 210
대표전화 031-955-8888
문의전화 031-955-7977(편집부) 031-955-3578(마케팅)
팩스 031-955-8855
전자우편 artbooks21@naver.com
페이스북 www.facebook.com/artbooks.pub
트위터 @artbooks21
ISBN 978-89-6196-347-3 03910

• 이 도서의 국립중앙도서관 출판예정도서목록(CIP)은 서지정보유통지원시스템 홈페이지(http://seoji.nl.go.kr)와 국가자료공동목록시스템(http://www.nl.go.kr/kolisnet)에서 이용하실 수 있습니다.(CIP제어번호: CIP2019002227)

• 값은 뒤표지에 있습니다. 잘못된 책은 구입하신 서점에서 교환해 드립니다.